NON
FUNGIBLE
TOKEN

NFT
디지털 자산의 미래

NFT 디지털 자산의 미래

이임복 지음

메타버스와 P2E, 돈 버는 방법이 달라졌다

천그루숲

머리말

2021년부터 불어온 NFT 열풍이 더욱 가속화되고 있다. 영화 〈특송〉을 홍보하기 위해 만든 NFT가 1초 만에 매진되고, 강동원의 라이브 영상은 NFT로 만들어져 판매 후 전액 기부되었다. 전세계 142억 조회 수의 웹툰 〈나 혼자만 레벨업〉의 NFT는 1분 만에 300개 작품이 완판되었다. 영국의 사전 출판사 콜린스가 매년 선정하는 '올해의 단어'에서 'NFT'는 '메타버스'를 제치고 2021년의 단어로 선정되었을 정도로 전 세계에서도 관심을 받았다. 2022년 1월 열린 'CES 2022'에서는 우주산업, 푸드테크와 함께 NFT가 새로운 기술분야로 소개되었다.

이처럼 NFT는 모든 산업에서 주목을 받으며, 경쟁이라도 하듯 연일 새로운 뉴스들이 쏟아지고 있다.

NFT에 대한 대중들의 관심은 얼마나 달라졌을까?

2021년 3월 디지털 아티스트 비플의 NFT 작품이 785억원이라는 거액에 낙찰되었다는 소식이 전해졌다. 이 뉴스를 접한 사람들은 '와, 정말 대단하다'라는 의견과 '아무리 대작이라도 너무 비싼 거 아냐?' '말도 안 돼. 너무 거품이야'라는 의견으로 나뉘었다.

이건 시작에 불과했다. 이후 NFT에 대한 관심은 과열 그 자체였다. 거품이라고 해도 좋을 정도로 비싼 가격에 낙찰된 NFT 작품들의 이야기가 연일 뉴스피드에 올라왔다. 해외만이 아니다. 우리나라에서도 아트, 웹툰, 영화, 엔터테인먼트 분야에서 다양한 NFT 작품들이 거래되며 완판 신화를 이어가고 있다. 그리고 전 국민에게 익숙한 카카오가 NFT에 적극적으로 뛰어들었다. 디지털 자산 지갑 '클립'을 카카오톡에 탑재하고, NFT거래소 '클립 드롭스'를 오픈하면서 기업은 물론 개인들의 관심도 더 커졌다.

NFT는 거품일까? 아니면 디지털 자산의 새로운 미래일까?

NFT는 디지털 자산의 새로운 미래다. 우리가 가진 모든 디지털 자산에 대해 누가 주인인지 소유권이 정해진다는 건 엄청난 변화이자 기회를 주기 때문이다. 언제나 그렇듯 가장 좋은 기술은 눈에 보이지 않게 사람들의 생활에 녹아든다. NFT 역시 마찬가지다. 처음 등장했을 때 생소하기만 했던 스마트폰, 와이파이,

어플리케이션 등의 용어들을 이제는 누구나 자연스럽게 사용하듯 NFT도 이메일처럼 주고받는 시대가 올 것이다. 우리는 이미 그 시작점에 서 있다.

NFT가 거품인 이유는 NFT를 활용할 수 있는 분야가 많음에도 불구하고, 지금 당장은 돈이 되는 것들에 먼저 관심이 쏠리며 부풀려져 있기 때문이다. 아무런 가치가 없어 보이는 디지털 그림한 장이 몇백억 원에 팔리고, 10초짜리 짧은 웹툰 영상이 100만원이 넘는 금액에 팔리고 있다. 가히 광풍이라 부를 수밖에 없다. 물론 작품에 매겨지는 가치는 상대적인 것이기 때문에 이런 현상이 옳다 그르다 이야기할 수는 없다. 하지만 어떤 자산이든 오르기만 하는 자산은 없다. 언젠가 기대가 실망으로 이어지면 NFT에 대한 거품은 빠지게 될 것이다.

NFT에 관심이 있는 회사와 개인 모두 이 부분에 대해 준비할 필요가 있다. 어떤 리스크가 와도 미리 준비한다면 대응할 수 있기 때문이다. 한 차례 진통이 끝나고 나면 NFT는 제대로 단단하게 우리의 일상에 자리잡게 될 거라 믿는다.

이제 우리는 무엇을 해야 하는가?

NFT가 만들어 가는 혁신은 단순히 가상자산을 사고파는 개념이 아니다. 우리가 일상에서 그동안 크게 관심을 가지지 않았던 콘텐츠의 저작권, 게임 속에서 샀던 아이템에 대한 소유권, 더 나아가 명품가방의 인증서까지 눈에 보이지 않았던 디지털 자산에 대한 가치 부여가 핵심이다. 이를 통해 앞으로의 미래는 돈을 버는 법, 쓰는 법, 활용하는 법 등 모든 것들이 달라질 것이기 때문이다.

'메타버스'가 미래를 향해 달리는 기차라면 'NFT'는 기차에 올라타기 위한 티켓이다. 지금 당장 NFT 티켓을 꼭 쥐고, 메타버스 기차에 올라 눈 깜빡할 사이에 바뀌는 미래를 맞으러 가자. 바라만 보던 미래에서, 직접 경험하고 만들어 가는 미래는 분명 더 재미있을 것이다.

이임복 드림

차례

Part 1   일상 속에 들어온 NFT, 쉽게 이해하기

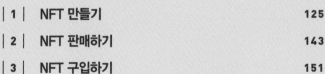

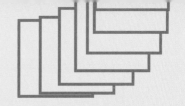

Part 7 **기업들의 주목할 만한 움직임**

Part 8 **NFT의 시대,
무엇을 준비해야 하는가**

NFT
5가지 궁금증

1. NFT를 왜 알아야 하나요?

우리가 NFT를 알아야 하는 이유는 간단합니다. 우리 모두는 이미 디지털로 되어 있는 무엇인가를 만들어 내는 크리에이터이기 때문입니다. 크리에이터 활동을 하신 적이 없다고요? 아니죠. 여러분들의 스마트폰을 보세요. 우리는 이미 매일같이 새로운 것을 보면 사진을 찍고, 가족들과 재미있던 순간을 영상으로 남깁니다. 이런 디지털 자료들의 주인은 누구인가요? 바로 우리들이죠. 그럼에도 불구하고 이런 사진과 영상 자료들은 제대로 쓰이지 못하고 있습니다. 사진과 영상을 SNS에 올렸을 때 누군가가 무단으로 도용해 사용하더라도 법적 절차를 밟는 건 비용도 들고 시간도 드는 귀찮은 일이었습니다. 그런데 정당한 소유권을 쉽게 인정받을 수 있다면 어떻게 될까요? 그리고 수익으로도 만들 수 있다면요? 가능한 일입니다. 여러분들이 가지고 있는 모든 디지털 자료들에 대해 '진짜 주인이 나'라는 증명서를 만들어 주는 것이 NFT이기 때문입니다.

지금 당장은 많은 관심이 쏠리는 분야가 NFT 아트이지만, 앞으로 작게는 각종 증명서에서 크게는 부동산 거래에 이르기까지 NFT는 우리의 일상 모든 곳에서 쓰이게 될 것입니다. 지금 알파세대라 부르는 초등학생들은 이미 디지털로 제공되는 각종 게임 아이템과 재화들에 돈을 쓰는 걸 당연하게 여깁니다. 알파세대들이 커나가는 미래에는 자신이 가진 것을 '민팅'하고 '블록체인'화시켜서 거래소를 통해 거래하거나 '스마트 컨트렉트'로 주고받는 것이 너무나 자연스러운 일이 될 겁니다.

지금 당장은 아니더라도 이런 용어를 하나둘 알아두지 않으면 언젠가는 아예 대화에 끼지 못할 수도 있겠죠. 누구나 스마트폰을 사용하게 되면서 더 이상 '와이파이' '앱' 등의 용어를 설명할 필요가 없게 된 걸 생각하시면 됩니다. 그러니 지금부터라도 메타버스와 NFT에 대해 조금씩 공부를 해 둘 필요가 있습니다.

2. NFT는 어떻게 돈이 되나요?

NFT로 돈을 벌 수 있는 방법은 크게 NFT 투자, NFT 작품의 제작과 판매로 볼 수 있습니다. 이 책에서 NFT의 종류와 투자방법에 대해 다양하게 살펴볼 텐데요. 간단하게 먼저 설명드릴게요.

우선 NFT 예술작품에 투자하는 방법이 있습니다. 좋아하는 작품, 나중에 더 큰 가치를 인정받을 것 같은 작가의 작품이 있다면 투자를 한 후 향후 가치가 높아졌을 때 판매하는 방법입니다. 꼭 예술작품이 아니더라도 우리가 좋아하는 연예인들의 활동이 담긴 NFT 사진과 영상도 마찬가지로 투자의 대상이 될 수 있겠죠.

두 번째 방법은 직접 자신의 작품을 NFT로 만들어 판매하는 방법입니다. 이 역시 꼭 예술작품이어야 할 필요는 없습니다. NFT는 희소성 있는 디지털 자산이기 때문에 희소성을 부여할 수 있는 것들이라면 무엇이든 가능하죠. 예를 들어 게임 아이템도 가능합니다. 단 하나밖에 없는 아바타의 의상이나 무기를 제작해도 되고, 게임 속 부동산 역시 NFT로 거래되기도 합니다.

물론 모든 NFT가 돈이 되지는 않습니다. 아무리 지금 높은 금액에 거래가 된다고 해도 나중에 산다는 사람이 없다면 값은 떨어질 수밖에 없죠. 따라서 지금은 NFT를 투자의 수단으로 보기보다 NFT가 만들어 가는 가능성에 관심을 가지셨으면 합니다.

3. NFT는 어떻게 만들고, 어디서 팔 수 있나요?

NFT를 만들고 판매하고 구입하는 방법은 Part 4에서 자세하게 설명해 놨으니, 여기서는 간단하게 설명드리겠습니다.

NFT는 크래프터 스페이스와 같은 NFT 제작 사이트나 NFT거래소에서 쉽게 만들 수 있습니다. 그냥 가지고 있는 파일을 업로드만 하면 됩니다. 그러면 사이트나 거래소의 시스템이 알아서 여러분들의 파일을 블록체인 위에 올려 NFT로 만들어 줍니다.

만들어진 NFT를 팔기 위해서는 거래소를 이용해야 합니다. 거래소는 물건을 팔려는 사람과 사려는 사람을 연결하는 일을 하죠. 거래소에 따라 신용카드로 거래가 가능하기도 하고, 이더리움과 클레이 등 특정 암호화폐만 취급하는 곳도 있습니다. 이건 거래소마다 다르니 확인해 봐야 합니다.

모든 사람이 쉽게 물건을 사고파는 오픈마켓 형태의 거래소가 있는 반면, 특정한 아티스트들의 작품만 거래되는 곳도 있습니다. 대표적인 거래소로 우리나라에는 업비트 NFT, 클립드롭스, 메타갤럭시아 등이 있고, 해외에는 오픈씨, 라리블, 니프티게이트웨이 등이 있습니다. 처음 시작하시는 분들은 누구나 쉽게 거래가 가능한 오픈마켓형 거래소인 '오픈씨'를 추천드립니다. 참고로 이 책의 부록에 대표적인 거래소의 특징을 정리해 두었습니다.

4. 요즘 게임을 하며 돈을 번다는데, P2E가 뭔가요?

P2E는 Play to Earn, 게임을 하면서 돈을 번다는 뜻입니다. Play는 게임을 하는 것을 말하며, Earn은 돈을 번다는 걸 말하죠. 특히 게임 속 돈이 아니라 현실에서 쓸 수 있는 실제 돈인 '현금'을 얻을 수 있기 때문에 사람들이 관심을 가지는 겁니다.

우리는 이미 게임 아이템이나 게임머니를 팔아 현금으로 바꾸는 아이템베이와 같은 거래소를 알고 있고, 경험해 보았습니다. 하지만 P2E는 좀 다릅니다. 지금까지는 게임회사가 아닌 다른 회사들이 만든 거래소를 이용했다면 이제는 게임회사가 직접 거래소까지 운영한다는 게 다르죠. 물론 게임 속에서 바로 천원, 만원 등 현금을 버는 건 아닙니다. 게임을 하며 얻은 게임머니를 우선 암호화폐로 바꾸고, 이 암호화폐를 다시 암호화폐 거래소에서 현금화하는 방식입니다.

게임을 즐기면서 돈도 벌 수 있으니 누구나 부업처럼 할 수 있지만, 자칫 잘못하다가는 도박처럼 중독될 수도 있습니다. 이러한 사행성의 문제 때문에 우리나라에서는 게임법으로 규제를 하고 있어 P2E 게임은 금지되어 있습니다.

P2E에 대해서는 Part 5에서 자세하게 설명해 두었습니다. 확인해 보세요.

5. NFT는 우리 일상에서 어떻게 활용되나요?

NFT를 일상에서 활용할 수 있는 분야는 굉장히 많습니다. 일단 명품가방을 이야기해 보죠. 현실세계에는 정말 많은 가품들이 있습니다. 어떤 가품은 전문가가 아니면 진짜인지 알아보기 어렵죠. 게다가 온라인으로 구매를 하는 경우도 많다 보니 명품 브랜드 입장에서는 정품을 확실하게 인증해야 할 필요가 있습니다. 리셀시장에서 거래되는 명품에 대해서도 진품과 가품을 정확히 구분해야 시장에서 브랜드의 가치를 유지할 수 있습니다.

이미 명품가방에 RFID 칩을 넣는 방식이 활용되고 있지만, NFT는 아예 위조와 변조가 불가능한 블록체인으로 묶어 버리는 개념이라 명품 인증과 가장 잘 어울립니다.

또한 NFT를 이용해 대체불가능한 신분증이나 자격증 등으로 활용할 수도 있습니다. 특히 개인이 취득한 모든 학력증명서, 경력증명서, 졸업장 등을 블록체인 지갑에 NFT로 담는다면 졸업장 위조 논란 등과 같은 이슈는 발생하지 않을 것입니다.

NFT를 이해하기 위해
꼭 알아야 하는 기본용어

이 책에서는 일반인들이 이해하기 어려운 암호화폐와 관련된 '외계어'들을 최대한 줄이려고 노력했다. 그럼에도 불구하고 기본적인 용어 정도는 알아야 책의 내용과 뉴스에서 나오는 이야기들이 이해가 되니 다음의 용어는 기억해 두자.

- **NFT**^{Non Fungible Token} : 대체불가토큰, 유일무이한 희소성 있는 디지털 자산을 말한다. 이를 디지털 원본 증명서라고도 한다.

- **드랍**^{Drop} : NFT 작품들이 거래소에 등록되어 판매되는 걸 드랍이라 한다. 거래소에 따라 경매로 진행되는 작품, 큐레이팅된 작품을 드랍이라 부르기도 한다.

■ **에어드랍**Airdrop : 공중에서 뿌린다는 뜻으로, NFT 작품을 무료로 나누어 주는 걸 의미한다. 보통 NFT거래소가 오픈할 때나 아티스트들이 새로운 작품을 알리기 위해 무료로 배포하는 경우가 있다. 이렇게 에어드랍으로 얻은 작품들은 해당 NFT거래소의 마켓플레이스에서 재판매할 수 있다(물론 모든 에어드랍 작품이 거래가 되는 건 아니다. 거래소에서 허용해야만 가능하다).

■ **비드**Bid : 비딩이라고도 하며, 경매방식으로 NFT 작품이 판매되는 걸 말한다.

■ **트랜잭션**Transaction : NFT가 거래되는 과정을 말한다. 'A에서 B로 소유권이 넘어갔다' '얼마에 넘어갔다' 등 다양한 정보들이 담겨있는 거래내역을 말하는데, 일반인들이 이해하기에는 복잡하다 보니 NFT거래소에서는 소유권 변동 등에 대한 정보만 보여주는 경우가 많다.

■ **가스비**Gas Fee : 거래수수료를 말하며, 가스피라고도 한다. 퍼블릭 블록체인 네트워크가 유지되기 위해서는 컴퓨팅 파워를 제공하는(자신이 전기요금을 내면서 자신의 컴퓨터를 쓰도록 제공하는) 누군가가 있어야 한다. 이를 '채굴'이라 하는데, 가스비는 채굴자들

에게 지불하는 수수료(네트워크 이용요금)라고 보면 된다. 작품을 NFT로 만들 때, 판매할 때, 구입할 때 등 다양한 순간에 가스비가 필요하다. 따라서 가스비가 무료라는 건 이런 수수료가 없다는 뜻이다.

■ **민팅**Minting : 그림, 사진 등의 디지털 파일을 NFT로 만드는 걸 의미한다. 원래 Mint가 법정화폐를 '주조하다' '틀에 부어 만든다'라는 뜻을 갖고 있기 때문에 여기에서 시작된 용어다. 이 용어는 필수로 알아두어야 한다. NFT를 이야기할 때 '응, 나 지난 번에 민팅했어~'라고 이야기하면 좀 멋져 보인다.

■ **스마트 컨트랙트**Smart Contract : 중간 보증인(중개인) 없이 당사자 간의 거래가 자동으로 이루어지도록 계약조건을 등록한 시스템을 말한다. NFT로 결제가 이루어지면 거래 성사 여부에 대해 매도자와 매수자 간에 다시 확인하는 절차 없이 바로 소유권이 넘어가게 된다. 이 모든 거래는 블록체인상에 즉시 기록된다.

■ **암호화폐 지갑**Crypto-currency Wallet : 암호화폐를 보관하는 지갑을 말하며, 디지털 자산 지갑이라고도 한다. 메타마스크, 카이카스 등 각 암호화폐별로 쓰이는 지갑이 각각 다르다. 이 때문에 혼

란스러운 경우도 있다. 예를 들어 A라는 거래소에 메타마스크로 로그인을 한 후, 다시 카이카스로 로그인했다면 계정은 2개가 생기게 된다. 하나의 계정에 두 개의 지갑을 연결하는 것도 가능하지만, 이때는 거래소에서 허용해 줘야 한다(오픈씨의 경우 지갑별 계정이 생긴다).

- **메타마스크**MetaMask : 메타마스크는 이더리움 코인을 거래하는 암호화폐 지갑을 말한다. 여우 모양으로 되어 있어 여우지갑으로도 불린다. 웹 브라우저에 '확장 프로그램'을 설치하는 방식으로 실행되며, 크롬과 파이어폭스 등의 브라우저에서 사용할 수 있다. 아이폰, 안드로이드폰에서 앱으로도 다운받을 수 있다.

- **카이카스**Kaikas : 카카오의 블록체인인 클레이튼 기반의 암호화폐 지갑을 말한다.

※ NFT를 만드는 방법은 Part 4에서 자세히 설명합니다. NFT를 만들기 위해서는 '크롬' 웹브라우저를 이용해야 하니 PC나 노트북에 미리 설치해 놓기 바랍니다.

Part 1

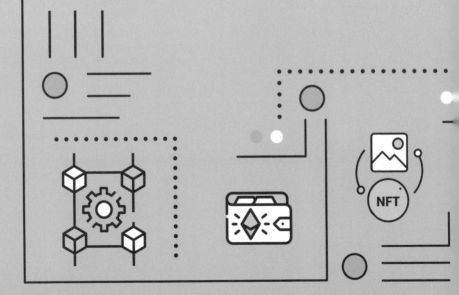

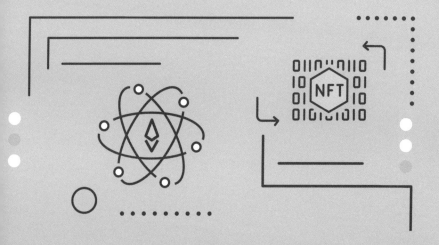

일상 속에
들어온 NFT,
쉽게 이해하기

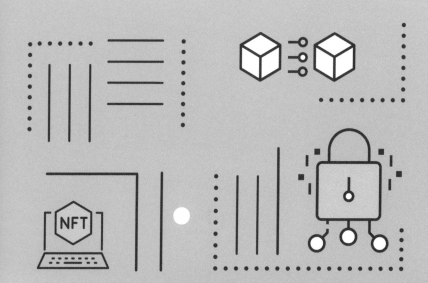

N O N

F U N G I B L E

T O K E N

1

NFT의 의미

NFT는 디지털 원본증명서이다

NFT^{Non-Fungible Token}는 '대체 불가능한 토큰'이란 의미로, 세상에 단 하나밖에 없으며 다른 것으로 대체할 수 없다는 뜻이다. 예를 들어 보자.

지금이야 인식이 많이 개선되었지만 과거에는 디지털로 되어 있는 사진, 음악, 영상과 같은 파일들은 돈을 주고 사는 경우가 거의 없었다. 조금만 검색하면 무료로 쉽게 다운받을 수 있다 보니 사람들은 불법이라는 생각을 크게 하지 않았다. 디지털 파일은 어디서나 쉽게 찾을 수 있었고, 복사도 쉬웠기 때문이다. 하지만 불법복제가 성행하자 디지털 파일들의 저작권을 지키기 위해 '저작권법'이 강화되었고, 이에 대한 우리들의 '인식'도 많이 개선되었다.

만약 당신이 이미지 판매 사이트에서 그림 파일 하나를 정당하게 3만원을 주고 샀다고 하자. 그런데 다음 날 친구가 같은 사이트에서 캡처한 파일을 보여주며 나에게 자랑을 한다.

"야, 그걸 뭐하러 돈 주고 사냐. 그냥 캡처한 거랑 뭐가 다른데?"

분하게도 이에 대해 마땅히 대꾸할 만한 말이 없다.

"우리가 애도 아닌데, 이왕이면 정당하게 구매를 해야지."

하지만 이렇게 말을 하면서도 왠지 씁쓸하다. 절대다수가 불법복제에 대한 인식을 바꾸지 않는 한 합법적으로 물건을 구입한 사람이 오히려 무지와 놀림의 대상이 되기 때문이다. 그런데 NFT가 대중화되는 시대가 오면 달라진다.

"야, 그걸 뭐하러 돈 주고 사냐. 그냥 캡처한 거랑 뭐가 다른데?"라는 말에 대해 두 가지로 이야기할 수 있다. 우선 "잘 봐. 너는 증명서가 없잖아. 이게 원본을 소유했다는 증명서야"라며 NFT 증명서를 보여줄 수 있다. 또 "야, 내가 보유한 작가님의 그림이 지금 얼마인지 알아? 내가 작가님 그림을 좋아해서 그렇지, 지금 거래소에 팔아도 30만원을 넘게 받아~"라며 판매 가능성에 대해 이야기할 수도 있다.

NFT가 '디지털 파일들에 대한 원본증명서'이기 때문에 가능한 일이다. 그렇다면 어떻게 원본임을 증명해 주는 걸까? 이는 NFT에 담긴 두 가지 특징 때문이다.

NFT의 두 가지 특징

먼저 NFT에서 **NF**Non-Fungible**란 대체불가함을 이야기한다.** 내가 구입한 NFT 그림과 친구가 캡처한 그림의 가장 큰 차이점은 내 그림에는 코드가 달려있다는 것이다. 모든 NFT는 고유의 코드값을 가지게 된다. 동일한 작가의 동일한 그림이라 하더라도 하나하나 개별적인 코드가 부여되기에 코드값을 보게 되면 각각 다름을 알 수 있다. 동일한 방식으로 제조된 스마트폰이라 하더라도 모두 다른 일련번호를 가지고 있는 것과 같다.

그런데 이 코드까지 복제한 그림 파일을 만든다면 어떨까? 이미 명품시장에서는 품질보증서까지 복사한 감쪽같은 가품들도 나올 정도다. **이를 해결하기 위한 방식이 NFT의 T, 즉 Token이**

다. Token은 비트코인, 이더리움과 같은 암호화폐를 생각하면 된다. 비트코인이나 이더리움이 작동하는 방식인 '블록체인'이 디지털 자산의 위조와 변조 문제를 해결해 준다.

블록체인의 특징은 거래에 참여하는 누구나 '공공거래장부'를 가진다는 데 있다. 예를 들어 A와 B가 계약을 맺었다면 A와 B는 각각 계약서를 날인해서 가지게 된다. 또 A가 C와 관련 계약을 체결하면 A와 C 역시 각각 계약서를 날인해서 보관한다. 그런데 만약 A가 가진 모든 계약서를 도난당했다면 B와 C는 마음대로 계약내용을 살짝 고칠 수 있고, 이러한 이유로 A가 B와 C의 계약서를 믿지 못하겠다고 한다면 계약은 신뢰를 잃게 된다.

블록체인 방식에선 모두가 동일한 계약서를 나눠가지는 방식으로 이러한 문제를 해결한다. A와 B가 계약한 후 A가 C와 추가

중앙에서 모든 장부를 관리하는 통일된 거래내역   분산화된 장부를 통해 투명한 거래내역 유지

로 계약을 한다면 A, B, C는 모두 동일한 계약서인 'ABC'를 가진다. D가 새롭게 참여한다면 다시 모두가 'ABCD'를 가진다. 이렇게 모두가 계약서를 나누어 가지게 되면 어느 한 명의 계약서가 도난당하거나 위조·변조되더라도 다른 사람들의 계약서를 통해 기존 계약서의 신뢰를 입증할 수 있다.

NFT 역시 암호화폐와 같은 블록체인 기반이기 때문에 NFT로 만들어진 디지털 파일들은 위조·복사·변조에서 자유로울 수 있다. NFT를 '블록체인 방식으로 사용한 디지털 원본증명서'라고 말하는 이유다.

NFT의 발행방법과 수수료

NFT를 만드는 방법

NFT를 만들기 위해서는 기본적으로 크롬 브라우저와 암호화폐 지갑이 있어야 한다. 크롬 브라우저를 통해 NFT거래소에 접속하여 간단한 회원가입만 하면 누구나 쉽게 NFT를 만들 수 있다. 그 외에 크래프터 스페이스 등 NFT 제작 사이트를 이용해 만드는 방법도 있다. NFT를 만들고 판매하고 구입하는 방법은 Part 4에서 자세히 설명하기로 한다.

민팅 Minting

아티스트들이 자신의 작품을 NFT로 만들어 팔고 싶다면 어떻게 해야 할까? 코딩을 전혀 모르는 일반인이 복잡한 블록체인을 직접 설계하는 건 불가능한 일이다. 그래서 NFT를 만들어 주는 사이트들이 등장했다. 크래프터 스페이스에서는 NFT의 제작을 지원해 주며, 마이템즈mytems.io에서는 제작 및 판매를 함께 지원한다. 그리고 대부분의 NFT거래소에서는 NFT로 만들고 싶은 파일을 업로드하면 자동으로 만들어 준다. 이렇게 콘텐츠를 블록체인 네트워크에 등록해 NFT로 만들어 주는 걸 '민팅'이라고 한다.

가스비 Gas Fee

앞에서 NFT는 비트코인이나 이더리움과 비슷한 디지털 자산이라고 이야기했다. 우리가 은행과 거래할 때는 은행에서 거래에 필요한 네트워크 비용을 부담하지만, 비트코인은 중앙에서 관리하는 기관이 없다 보니(이를 '탈중앙화'라고 한다) 각각의 거래가 이루어지기 위해서는 누군가가 자신의 네트워크와 컴퓨터를 제공해 전체 네트워크가 유지되도록 해야 한다. 이렇게 네트워크와 컴퓨터를 제공하는 사람들을 '채굴자'라 하고, 채굴자들에게 보상을 해주는 수단이 비트코인과 이더리움 등의 암호화폐이다.

비트코인은 가장 먼저 나온 1세대 암호화폐이기 때문에 거래되는 시간이 길고 담을 수 있는 정보의 양도 한정적이다. 이를 대신해 등장한 2세대 암호화폐가 이더리움이다(비트코인과 이더리움에 대한 자세한 정의는 이 책에서는 생략하도록 한다).

비트코인과 이더리움은 각각의 블록체인 네트워크 위에서 움직이는데, 이 블록체인 네트워크는 고속도로를 생각하면 이해가 쉽다. 고속도로를 다닐 때 톨게이트에서 통행료를 내듯, 암호화폐를 주고받을 때는 네트워크 이용료인 수수료를 내야 한다. 이 수수료를 '가스비Gas Fee'라고 한다. 가스비는 채굴자들에 대한 보상수단이 되며, 급행버스는 요금이 더 비싸듯 가스비 역시 그때그때 다르게 적용된다.

우리가 이용하는 NFT거래소가 이더리움 네트워크를 사용하는 곳이라면 이더리움과 관련된 수수료를, 클레이튼 네트워크를 사용하는 곳이라면 클레이와 관련된 수수료를 지불해야 한다.

민팅수수료, 거래수수료, 추가수수료

세상에 공짜가 없듯이 **작품을 민팅할 때, 판매할 때, 구입할 때에는 비용(가스비)이 발생한다.**

첫 번째 비용은 작품을 NFT로 만들 때 발생되는 수수료인 민팅수수료다. NFT거래소에 민팅수수료를 내기 위해서는 암호화폐가 필요한데, 암호화폐는 빗썸이나 코인원과 같은 암호화폐 거래소에서 구입할 수 있다. 수수료는 보통 60~100달러 정도이다. 하지만 팔릴지도 모르는 작품을 등록하는데 수수료가 든다면 누구도 선뜻 시작하지 못할 것이다. 그래서 대부분의 NFT거래소에서는 회원가입 후 첫 작품을 민팅할 때 또는 하루에 몇 개까지는 수수료를 면제해 준다(NFT거래소에 따라 민팅수수료가 전액 무료인 경우도 있다).

작품의 거래시에도 비용이 발생한다. 누군가에게 돈을 보낼 때 송금수수료를 내듯이 내가 만든 NFT를 다른 누군가가 구입했다면 내 소유에서 다른 사람에게로 거래가 진행되는 것이기 때문에 거래수수료가 발생한다. 이 경우 대부분은 구매자가 수수료를 지불한다. 거래수수료는 NFT거래소마다 다르게 책정되어 있는데, 대략 거래금액의 2.5~3% 정도이다. 3% 가량의 수수료가 비싸 보일 수 있지만, 일반적으로 10% 이상 혹은 30%까지 수수료가 부과되는 앱스토어나 일반 갤러리에 비하면 상당히 저렴한 편이다.

마지막은 추가수수료로, 로열티라고 보면 된다. 자신의 작품을 판매할 때 한 번에 판매가 이루어지고 끝나는 경우가 있고, 자신의 작품을 사간 사람이 다시 그 작품을 다른 사람에게 재판매했을 때 나에게 수수료가 들어오게 만드는 방법이 있다. 이 부분은 NFT 작가(크리에이터)가 설정하기 나름이다. 후자의 경우를 원저작자에 대한 저작권료(로열티)라 하며, 크리에이터들에게 지속적인 수입원이 될 수 있어 가장 매력적인 부분이다. 만약 추가수수료(로열티)를 3%로 설정했다면 작품이 100이더리움에 재판매되었을 때 3이더리움은 거래소에, 3이더리움은 원저작자(작가)에게 가고, 이를 제외한 94이더리움이 재판매자의 수익이 되는 것이다.

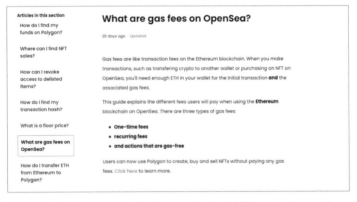

오픈씨에서는 민팅수수료, 거래수수료, 추가수수료의 3가지 가스비가 있다.   출처 : 오픈씨 홈페이지

3

NFT 발행의 장점

NFT를 발행하면 어떤 장점이 있는 걸까? 예를 들어 알아보자.

이 그림은 NFT거래소인 '오픈씨'에서 판매되고 있는 NFT 작품이다. 가격은 161달러(약 20만원) 정도이다. 어떤가? 작품을 보는 순간 감동이 오는가? 아니면 '이게 무슨 20만원이나 해. 우리 아이가 더 잘 그리겠다'라는 생각이 드는가? 후자라도 괜찮다. 이 작품은 《메타버스, 이미 시작된 미래》라는 책에서 소개했던 필자의 작품이기 때문이다.

그런데 만약 이 그림을 국내 유명 백화점에서 사용하고 있다고 가정해 보자. 우연히 이 사실을 알게 된 나는 백화점 담당자에게 전화를 걸어 "혹시 이 그림을 어디에서 구입하셨나요? NFT 내역서 좀 볼 수 있을까요?"라고 물을 수 있다. 혹은 물어볼 필요도 없이 NFT 트랜잭션 코드만 살펴보면 현재 주인이 누구라는 것을 알 수 있다. 만약 백화점에서 NFT 소유자 ID를 알려주지 못한다면 나는 이 근거를 가지고 백화점에 그림에 대한 사용료를 청구하거나 사용의 중지를 요구할 수 있다. NFT가 고유의 코드를 가지고 있기 때문에 가능한 일이다.

사실 이럴 필요도 없다. NFT거래소(오픈씨)에 등록된 각각의 작품에는 누구에게서 누구에게로 NFT가 전송되었는지에 대한 거래내역이 남아있다. 내역을 살펴보면 이 작품은 A88DCD에게 10클레이에 팔렸고, 현재 A88DCD가 100클레이로 판매가를 올려놓은 상태이다.

오픈씨의 작품 화면에서는 아이템 거래내역을 확인할 수 있다.　　　　　　　출처 : 오픈씨

　　바로 여기에서 NFT를 발행하는 의미를 찾을 수 있다. **NFT는 디지털 세상에 존재하는 수많은 디지털 작품들에 대해 누가 진정한 주인인지 하나하나 꼬리표를 달아주는 것이다.**

Contract NFT를 통해 작품 소유자의 변동내역을 확인할 수 있다.　　　　　　출처 : 오픈씨

앞으로 메타버스의 세상이 더 가속화될수록 각각의 플랫폼 안에서 우리가 구입하는 디지털 재화들의 숫자 역시 더 많아지게 된다. 이때 각각의 재화들에 대해 소유권을 제대로 입증할 수 있다면 복제와 위조·변조에서 벗어나 창작자는 물론 구매자들 역시 안심하고 구입할 수 있게 된다. NFT가 메타버스와 현실세계를 연결하는 디지털 자산으로 자리잡을 수 있는 이유다.

4

NFT의 약점

    NFT는 대체할 수 없고, 위조할 수 없는 원본증명이라는 큰 장점을 가지고 있다. 이처럼 완벽해 보이는 **NFT에도 커다란 약점이 있다. 바로 원본 데이터의 해킹 및 분실에 대한 위험이다.** 물론 이 약점은 기술의 발전에 따라 보완되겠지만 그래도 반드시 알아두어야 하는 부분이기에 최대한 쉽게 정리해 보자.

온체인과 오프체인

먼저 온체인On chain과 오프체인Off chain에 대해 이해할 필요가 있다. 여기서의 체인은 블록체인을 말하고, 앞서 설명했듯이 NFT는 블록체인에 담는 것을 말한다. 정리하면 **온체인은 블록체인 안에 들어가 있다는 것이고, 오프체인은 블록체인 밖에 있다는 것이다.**

그럼 왜 굳이 온체인과 오프체인을 구분하는 걸까? 예를 들어 당신이 누군가에게 등기우편을 보낸다고 가정해 보자. 이때 몇 장의 서류만 보내면 무게가 별로 나가지 않아 우편요금이 적게 든다. 그런데 책이나 생수를 보낸다면 어떨까? 부피가 커지고 무거워질수록 배달비용은 비싸진다. 만약 피아노나 TV를 보낸다면 더 커다란 배달차량이 필요하다. NFT도 마찬가지다. 영상과 사진, 음악파일 등 디지털로 된 파일은 무엇이든 NFT로 만들 수 있다고 했지만 NFT 코드 안에 이 내용들을 다 담는다면 용량은 엄청나게 커지게 된다. 용량이 커지면 전송 속도도 느려지고 네트워크 전체에 과부하가 걸리게 되어 여기에 들어가는 네트워크 비용인 가스비를 더 많이 내야 한다(고속도로에 차가 많아진다고 생각하면 된다). 이를 해결하기 위한 방법이 온체인과 오프체인이다.

보통 NFT에서 핵심적인 정보는 블록체인 안에 담고, 무거운 정보들은 다른 서버에 저장해 놓는다. 이때 핵심적인 정보를 '메타데이터'라고 하며, 이를 블록체인 '안'에 담는다고 해서 '온체인'이라 하고, 무거운 이미지와 영상 등은 블록체인 '밖'에 담는다고 해서 '오프체인'이라 한다.

문제는 여기서 발생한다. 메타데이터만 온체인에 담고, 실질적인 콘텐츠는 외부 서버인 오프체인에 담다 보니 만약 거래소가 파산하거나 해킹 등으로 서버에 문제가 생기게 되면 NFT 소유자들은 실체가 없는 메타데이터만 가지게 되는 것이다. 예를 들어 블로그에 사진을 업로드했다고 가정해 보자. 이때 블로그에 올라

https://secondbrainlab.files.wordpress.com/2022/01/img_be0c59dba684-1.jpeg?w=796
온라인상에 있는 모든 이미지와 파일들은 이와 같은 고유의 주소값을 지닌다.　출처 : 신한플레이

간 사진은 고유의 주소값을 가진다. 그런데 만약 주소값을 가리
키는 영문 주소나 숫자 하나가 잘못되어 변경되거나 폴더가 삭제
되거나 해킹을 당한다면 원본 이미지는 영원히 찾을 수 없게 되
는 것과 같다.

오프체인의 단점을 해결하기 위한 방법

만약 NFT에 이런 일이 벌어지면 어떻게 될까? NFT 토큰은 그
대로지만 실제 데이터(사진, 영상 등)가 사라지게 된다면 NFT의 신
뢰성은 완전히 추락하게 될 것이다. 그래서 NFT거래소들은 NFT
와 연결된 파일들을 저장하는 장소를 어느 한 서버가 아닌 분산
형 클라우드 컴퓨팅으로 처리하는 방법을 고안해 냈다. 여러 곳
에 파일을 분산해 저장한다면 그만큼 해킹에서도 자유로울 수 있
기 때문이다.

NFT거래소 오픈씨는 2021년 6월 NFT 토큰을 IPFS와 파일코
인을 사용해 파일코인 블록체인 위에 저장한다고 발표했다. 또
복잡한 용어가 나왔지만 이것 역시 꼭 알아야 하는 내용이니 짚
고 넘어가자.

IPFS는 InterPlanetary File System의 약어로, 탈중앙화 분산형

프로토콜을 의미한다. 중앙 서버에 얽매이지 않고 모두의 서버를 이용하는 클라우드 컴퓨팅이란 뜻이다. 앞에서 블록체인에 참여한 사람들에게 보상해 주기 위해 비트코인이 나왔다고 했는데, IPFS 역시 클라우드 컴퓨팅에 참여하는 사람들에게 보상하기 위한 조건으로 '파일코인'을 제공한다. 비트코인이 탈중앙화하는 걸 목표로 하듯 IPFS 역시 중앙 서버를 벗어나는 것을 목표로 하고 있다.

물론 모든 거래소들이 IPFS를 택하지는 않겠지만 NFT도 분명 약점이 있고, 이러한 오프체인의 약점을 보완하는 방식들이 고민되고 있다는 점은 알아둘 필요가 있다. **NFT 거래를 하고 있다면 이러한 기술적인 부분에도 관심을 가지고, 좀 더 안전한 거래소에서 거래하는 것을 추천한다.**

5

NFT가 다시
주목받는 이유

　NFT가 등장한 건 2015년 이더리움이 나오면서부터다. 그때부터 하나밖에 존재하지 않는 고양이를 수집하는 게임인 크립토키티를 비롯해 NFT를 활용하기 위한 다양한 방안들이 고려되었지만 크게 주목받지는 못했다. 본격적으로 대중의 관심을 받은 건 2021년이다. 영국의 콜린스 사전에선 NFT를 2021년 '올해의 단어'로 선정했고, 우리나라에서도 2021년 주가가 가장 많이 상승한 10개 종목 중 7곳이 NFT 관련 기업이었을 정도다. 그렇다면 **NFT는 어째서 새롭게 주목받기 시작한 걸까? 여기에는 '메타버**

스' '투자' 그리고 'FOMO^{Fear of Missing Out}'라는 3가지 이유가 있다.

메타버스

2021년 초부터 '메타버스'라는 키워드가 전 세계를 사로잡았다. 엔비디아, MS, 메타와 같은 글로벌 기업들은 저마다 각각 메타버스 플랫폼의 비전을 이야기했고, 우리나라에서도 제페토와 이프랜드 등 다양한 메타버스 서비스들이 등장했다.

물론 일각에서는 '아직 시기상조다' '구체화되기에는 멀었다'라는 말도 많지만, 이미 다양한 메타버스 서비스 내에서는 아바타 의상, 게임 아이템, 가상부동산 등의 디지털 재화들이 활발하게 거래되고 있다.

그런데 만약 내가 오늘만 한정판으로 판매한다는 아바타의 의상을 큰맘 먹고 구입했는데, 내일 똑같은 의상이 판매되고 있다면 다시는 구입을 하지 않을 것이다. 유명작가의 그림을 하나 구입해 메타버스 속 내 집안에 장식해 놨는데 다음 날 해킹이 되어 같은 작가의 그림이 무료로 수백 장 뿌려지고 있다면 메타버스 안에서는 더 이상 거래를 하지 않을 것이다.

이렇듯 메타버스에서 재화의 거래가 이루어지기 위해서는 이에 대한 신뢰성이 있어야 한다. NFT가 주목받은 건 메타버스 내의 디지털 재화들에 대한 원본증명서의 역할을 할 수 있기 때문이다. 이처럼 **NFT는 메타버스와 현실세계를 안전하게 이어줄 수 있다는 특징으로 인해 관심을 받기 시작했다.**

투자

NFT가 주목을 받는 가장 큰 이유는 '투자', 즉 '돈'과 관련있기 때문이다. 2021년 내내 뉴스피드에 하루도 빠지지 않고 NFT와 관련된 이야기가 올라왔다. 아무런 가치도 없어 보이는 디지털 그림이 NFT화 되었다는 이유로 몇백억 원에 팔리고, 처음으로 NFT 작품을 만들어 본 작가의 작품이 몇천만 원에 거래가 되었다는 이야기는 사람들의 관심을 사기에 충분했다. 게다가 한 번만 거래가 일어나는 게 아니라 마켓플레이스를 통해 재판매가 일어나며 300% 이상의 수익을 올렸다는 소식이 들리자 사람들이 NFT 투자에 흥미를 가지기 시작했다.

FOMO

FOMO는 Fear Of Missing Out의 약어로, 소외됨에 대한 두려움을 말한다. 2020년 초 코로나 팬데믹 때문에 모두가 힘들었을 때 과감하게 주식투자를 했던 사람들은 많은 수익을 얻었다. 그때 함께 뛰어들었던 사람들이 있고, 그렇지 못했던 사람들이 있다. 친구들이 모여 주식 이야기를 나누다 보면 왠지 나만 소외된 느낌이 든다.

비트코인에 대한 이슈가 한참일 때도 마찬가지였다. 비트코인이 처음 등장할 때부터 하나둘 사모았다는 사람이 지금은 100억 부자가 되었다는 기사를 보면 '왜 내가 그때 사지 못했을까'라며 **후회하는 마음과 소외당한 마음이 든다. 이런 두려움이 바로 FOMO(포모)다.**

그럼, NFT는 어떨까? NFT가 뭔지는 모르겠지만 '메타버스'라는 말과 항상 같이 나오고, 이를 통해 이미 수익을 본 사람들도 많다는 이야기가 들리기 시작한다. 더 머뭇거리다 큰 기회를 놓치고 싶지 않다는 생각이 든다. 투자 측면에서 보면 비트코인과 주식시장에서 겪었던 후회와 소외감을 이번에도 경험하고 싶지는 않을 것이다. 작품활동과 사업 측면에서도 마찬가지다. 새로운 흐름이 왔고 여기에 재빨리 올라탄 작가들과 회사들이 성과를 내기 시작했다는 소식을 들으며 더 이상 소외당하고 싶은 사람은 없을 것이다.

Part 2

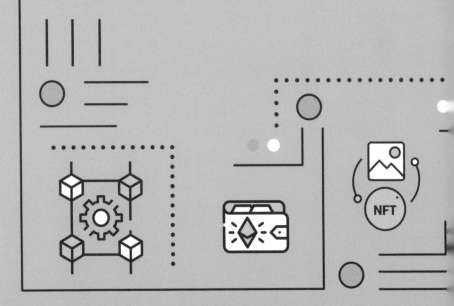

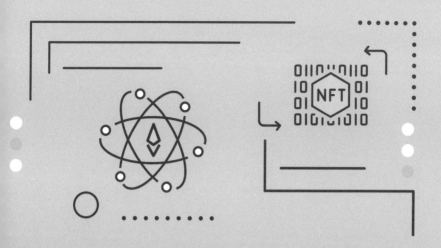

NFT,
이미 시작된 미래

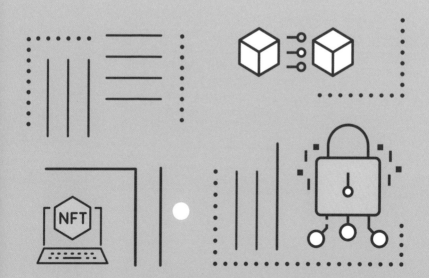

N O N

F U N G I B L E

T O K E N

1

최초의 NFT
크립토펑크와 크립토키티

크립토펑크 NFT

　NFT는 꽤 오랜 역사를 가지고 있다. 2015년 7월에 이더리움이 나왔고, 그해 10월 이더리움 개발자회의인 '데프콘'에서 NFT가 처음으로 언급되었다. 그러니 NFT는 이더리움의 탄생과 같이 했다고 해도 과언이 아니다. 2년 후인 2017년 6월 비주얼아트 스튜디오인 '라바랩스Lava Labs'는 이 개념을 활용해 1만 개의 크립토펑크 NFT를 만들었고, 이중 9,000개를 무료로 뿌렸다.

각기 다른 모습을 하고 있는 1만 개의 크립토펑크　　출처 : 라바랩스(www.larvalabs.com/cryptopunks)

크립토펑크는 하나가 아니라 시리즈로 구성되어 있는데, 남자 6,039개, 여자 3,840개, 좀비 88개, 유인원 24개, 외계인 9개 등 24 ×24 사이즈의 픽셀아트 이미지로 이루어져 있다. 총 1만 개의 크립토펑크는 단 하나도 같지 않게 모두 조금씩 다르게 구성되어 있다.

처음에는 아무도 관심 없었던 작품이었지만, NFT가 이슈가 되며 크립토펑크 역시 희귀하고 한정적이라는 특징 때문에 고가에 거래되기 시작했다. 2021년 6월에는 9개로 구성된 '코비드 에어리언'이 1,170만달러(약 138억원)에 낙찰되었다. 심지어 신용카드 결제기업 비자VISA에서 165,000달러(약 2억원)에 크립토펑크를 구입하며 NFT 커머스 시장에 관심을 보이자 크립토펑크의 가치는 더 올라갔다.

고양이 수집게임, 크립토키티

2017년 11월, 대퍼랩스Dapper Labs에서 고양이를 소재로 한 크립토키티를 출시했다. 크립토키티는 암호화폐인 이더리움 기반의 NFT로 만든 고양이들을 수집하는 게임이다.

크립토펑크가 단지 수집품이라면 크립토키티는 게임을 하면서 수집도 할 수 있다는 점이 달랐다. 크립토키티는 다른 고양이와 교배를 통해 눈 색, 털 색, 귀 모양, 입 모양 등 모양이 각기 다른 단 하나의 고양이를 만드는 게임이다.

사람들은 새로운 고양이를 구입하여 자신이 가진 고양이들끼리 교배하거나 교배시장에 내놓을 수 있다. 교배가 이루어지게 되면 암컷 고양이의 주인은 새로운 고양이를 받고, 수컷 고양이

크립토키티 홈페이지에 들어가면 다양한 모양의 크립토키티 카탈로그를 볼 수 있다.

출처 : 크립토키티(www.cryptokitties.co)

를 가진 사람은 교배비를 받게 된다. 이렇게 수집과 교배를 반복하면서 특징 있는 고양이들이 나타나게 되면 비싼 가격에 거래할 수 있다.

그런데 고양이를 수집하고 교배시키는 것 말고는 별다른 재미도 없는, 어떻게 보면 아무것도 아닌 크립토키티 게임이 왜 사람들의 관심을 끌게 된 걸까? 여기에는 세 가지 이유가 있다.

크립토키티가 성공한 3가지 이유

첫째, 크립토키티는 이더리움의 사용처가 되어주었다. 이더리움은 가지고 있으면 가격이 오르지만 실제로 온라인이나 오프라인에서 사용하기는 쉽지 않았다. 비트코인도 마찬가지인데, 커피나 피자와 같은 소비성 재화로 바꾸게 되면 나중에 자산가치가 상승했을 때 후회되기 때문이다. 그런데 크립토키티라는 게임이 등장하며 이더리움을 희귀품으로 바꿀 수 있는 수단이 생긴 것이다. 피자는 먹으면 끝이지만 크립토키티는 교배해서 팔면 다시 이더리움으로 바꿀 수 있기 때문에 사람들은 더 관심을 가지게 되었다(최근 이더리움으로 거래되는 다양한 NFT도 이 관점에서 볼 수 있다).

둘째, NFT로 만든 최초의 희귀한 고양이를 모을 수 있다는 수

집욕이다. 이렇게 수집된 고양이들은 다른 사람들에게 보여줄 수 있는 자랑거리가 될 수 있다. 특히 희소성이 높은 고양이를 가질수록 이 고양이를 가진 건 나밖에 없다는 과시욕과 수집욕을 자극하게 된다.

셋째, 투자 수단이다. 사실 이 부분이 가장 큰 이유라 할 수 있다. 크립토키티는 최근 이슈가 되고 있는 게임을 하면서 돈도 번다는 P2E^{Play to Earn}의 개념이 이미 적용된 게임이다. 고양이를 사서 교배를 시켜 희귀한 고양이가 태어나면 다시 이 고양이를 매각해 이더리움으로 받을 수 있다. 보통 우리가 이더리움을 얻을 수 있는 방법은 채굴 아니면 암호화폐 거래소에서 돈을 주고 매입하는 방법뿐인데, 고양이를 키워서 매각하면 이더리움을 받을 수 있으니 이더리움으로 이더리움을 벌 수 있는 암호화폐 뽑기(가챠) 게임인 것이다.

이런한 이유로 인해 크립토키티는 출시 후 한 달 만에 8만 건 이상이 거래되었고, 이용자 수는 한때 6만 명에 달하기도 했다.

크립토키티 게임이 시들해진 이유

2017년 12월 크립토키티의 '제네시스 키티'가 247이더리움(당

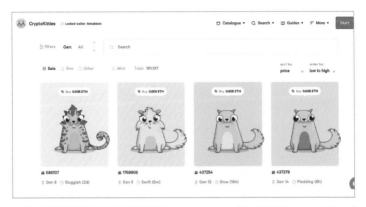

크립토키티에서 현재 판매 중인 고양이들이다.　　　　　출처 : 크립토키티(www.cryptokitties.co)

시 약 1억 2,300만원)에 판매되었고, 2018년에는 '드래곤 키티'가 600 이더리움(당시 약 1억 9,000만원)에 판매되었다(지금은 10억원이 넘는다).

　하지만 이렇게 승승장구하던 크립토키티는 점차 사람들의 관심에서 멀어지며, 2021년 NFT 키워드가 주목받을 때까지 거의 잊혀진 상태가 되었다. 여기에는 두 가지 이유가 있다.

　첫 번째 이유는 크립토키티를 사는데 너무 많은 돈이 든다는 점이다. 크립토키티는 퍼블릭 블록체인으로 운영되는데, 이는 중앙에서 관리하는 회사가 없다는 뜻이다. 이처럼 중앙에서 관리하는 회사 없이 이더리움 체인을 이용해야 하다 보니 게임회사는 개발비는 물론 서버 유지 등에 따르는 가스비를 직접 부담해야 하고, 크립토키티를 하고자 하는 사람들도 비싼 가스비를 내야 했다.

게임을 시작하기 위해서는 고양이가 있어야 하니 고양이를 사는 비용이 든다. 2021년 11월 기준 0.005이더리움(약 25,000원) 정도가 필요한데, 이 금액은 누군가에게는 큰돈일 수도 있고 아닐 수도 있지만 팔릴지도 모르는 고양이 캐릭터를 사는데 돈을 쓴다는 게 쉽지는 않다. 고양이를 팔기 위해서는 경매에 내놓아야 하는데 이때는 고양이를 살 때보다 비싼 수수료를 내야 한다. 고양이를 살 때는 25,000원인데, 팔 때는 5만원 정도(0.01이더리움)의 수수료를 내야 한다니 쉽게 팔 수도 없다. 새끼 고양이를 얻기 위해 교배를 시킬 때에도 0.08이더리움(약 40만원)을 내야 하고, 가지고 있는 고양이들끼리 교배시키려고 해도 0.1이더리움(약 50만원)이 넘는 금액을 내야 한다. 돈을 벌기 위해 고양이를 샀는데, 게임을 하면 할수록 돈을 더 많이 쓰게 되는 이상한 일이 벌어진다. 이렇다 보니 사람들의 관심에서 멀어질 수밖에 없었다.

두 번째 이유는 게임 자체에 큰 재미가 없다는 점이다. 고양이를 사서 교배하거나 더 멋진 고양이를 만드는 게 게임의 전부다. 물론 지금은 키티 배틀 등의 게임이 추가되었지만 한 번 떠난 사람들의 마음은 쉽게 돌아오지 못했다.

이처럼 '비싼 수수료'와 '게임의 재미 요소'는 앞으로 계속 출시될 블록체인을 활용한 NFT 방식의 게임들은 물론 NFT거래소들도 고민해야 하는 필수요소이다.

2

NFT 아트와 컬렉션

대중화된 NFT의 시작점이라 볼 수 있는 크립토키티가 많은 아쉬움을 남기며 잊혀지자 NFT도 사람들의 관심에서 멀어지게 되었다. 그런데 3년이 지난 2021년, NFT가 다시 주목을 받기 시작했다. NFT 역사에 길이 남을 일이 벌어진 것이다.

NFT 아트에 대한 관심

2021년 3월 11일, 디지털 아티스트 '비플'의 모자이크 작품 '매일 : 첫 5,000일'이 뉴욕 크리스티 경매에서 6,934만달러(약 785억원)에 낙찰되었다. 이 작품은 300Mb 용량의 JPG 파일 5,000개가 모자이크 형식으로 구성된 디지털 아트로, 지금까지 판매된 NFT 아트 중에서 가장 비싼 작품이다.

비플이 첫 작품을 올린 건 2007년 5월 1일이다. 이후 2021년까지 5,000일 동안 매일매일 그린 그의 작품에는 14년 세월의 흔적이 고스란히 담겨 있기 때문에 분명 가치가 있다. 하지만 아무리 그렇다 해도 5,000개의 디지털 파일이 785억원이 될 줄은 누구도 몰랐을 것이다. 예술을 전공하지 않았던 컴퓨터학과 출신

비플이 초기에 그린 그림(왼쪽)과 5,000개의 JPG 파일이 모여 완성된 디지털 아트 '매일 : 첫 5,000일'

출처 : 크리스티

의 웹디자이너였기에 그의 초기 그림은 결코 잘 그렸다고는 말할 수 없는 수준의 손그림이었다. 하지만 해가 거듭될수록 더 나은 그림으로 거듭나며 멋진 디지털 아트를 만들 수 있게 된 것이다. 5,000일의 노력 끝에 얻은 행운으로 비플은 제프 쿤스의 '토끼', 데이비드 호크니의 '예술가의 초상'에 이어 가장 비싼 예술품을 판매한 작가가 되었다.

같은 해 3월에는 앨런 머스크의 전 여자친구인 그라임스의 NFT 작품 '워 님프' 시리즈가 20분 만에 65억원에 거래되었고, 트위터를 만든 잭 도시의 트윗 한줄이 33억원에 거래되었다. 뱅크시의 작품 'Morons'는 원본을 95,000달러(약 1억원)에 구입해 이를 NFT로 만든 후 원작을 불태우고 판매해 228.69이더리움(약 4억 3,000만원)에 낙찰을 이끌어 내는데 성공했다.

가수 그라임스의 NFT 작품 '워 님프'에는 본인이 노래가 배경으로 깔려있다.　　출처 : 니프티게이트웨이

CJ올리브네트웍스와 류재춘 화백의 협업으로 발행한 '월하 2021'　　　　　출처 : 업비트 NFT

　국내에서는 2021년 3월 마리킴의 작품 '미싱 앤 파운드'가 288 이더리움(약 6억원)에 판매되며 한국 미술품 NFT 거래의 효시가 되었다. 이어 8월 카카오의 클립드롭스에서는 MR. 미상의 작품 999개가 27분 만에 완판됐고, 12월에는 두나무의 NFT거래소 업비트 NFT에 올라온 류재춘 화백의 '월하 2021' NFT 에디션 200개가 하루도 안 돼 모두 판매되었다.

　이처럼 2021년 한 해만 해도 수많은 NFT 작품들이 주목을 받으며 높은 금액으로 거래되었다. 이 금액이 정상적인 건지 거품인지에 대해서는 아직도 논란거리다. 이에 대한 평가는 뒤로 미루자. 여기서 중요한 건 **NFT 시장이 큰돈이 오가는 곳이 되었고, 그 돈의 막대한 액수만큼이나 많은 사람들의 관심을 집중시켰다는데 있다. 이렇게 NFT 아트는 2021년 NFT를 성장시킨 커다란 기폭제가 되었다.**

아마추어 작가의 부상

NFT를 성장시킨 두 번째 기폭제는 비싼 가격에 거래된 일반 아마추어 작가들의 작품이다. 2021년 7월, 런던에 사는 12세 소년 베냐민 아흐메드는 NFT로 그림을 팔아 약 40만달러(약 4억 6,000만 원)를 벌었다. 이 소년이 그린 그림은 '이상한 고래들(위어드 웨일즈)' 이라는 8비트 픽셀로 만든 3,550마리의 고래다. 이 고래들은 모두 다른 특징을 가지고 있어 똑같이 생긴 것이 하나도 없다.

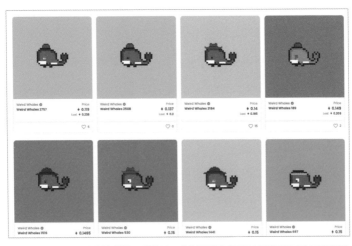

12세 소년의 두 번째 컬렉션인 '이상한 고래들' 3,350개가 오픈씨에 올라오자 하루도 안 되어 모두 팔렸다.

출처 : 오픈씨

그런데 아무리 봐도 이 작품들이 4억원 이상의 값어치가 있다고 느껴지지 않는다(하나하나의 그림이 110달러(약 12만원) 정도이다). 비플의 작품이나 그라임스의 작품은 누가 봐도 예술가의 작품처럼 보이지만 '이상한 고래들'은 누구나 도전할 수 있는 영역으로 보여졌다. 국내에서도 15세 중학생이 오픈씨에 NFT 작품을 등록해 1,000만원이 넘는 수익을 올리기도 했다.

2021년 12월에는 인도네시아의 대학생 고잘리가 5년 동안 찍었던 자신의 셀카 사진 933장을 오픈씨에 올렸고, 그의 NFT는 100만달러(약 12억원)가 넘는 가격에 거래되었다. 자신의 셀카를 NFT로 만들어 이 정도의 수익을 올릴 수 있다는 것은 누구도 상상하지 못했던 일이었다.

이처럼 아마추어 작가들의 성공 스토리들이 많이 알려지며, 일반인들의 관심도 대폭 늘어나게 되었다.

수집 욕구

또 다른 기폭제는 컬렉션에 대한 관심이다. 사람들은 무언가 특이한 게 있다면 수집하고 싶어한다. 많은 사람들이 다 알고 있지만 누구나 가질 수 없는 희귀성을 가진 것들이 여기에 해당한다.

온라인상에서 화제가 된 슬퍼서 우는 언니와 못마땅한 표정을 짓는 소녀 사진이 밈 NFT로 만들어져 거액에 팔렸다.

출처 : Lily&Chloe 유튜브

그런데 특이하게도 전혀 희귀해 보이지 않는 '밈'이 사람들의 수집 욕구를 불러일으켰다(밈^{meme}은 국내에서는 '짤'에 해당하는 1초, 2초 단위의 짧은 영상을 말한다). 2021년 6월 '도지코인'을 낳은 '도지' 밈이 1,696.9이더리움(당시 약 45억원)에 팔렸다. 2021년 9월에는 '못마땅한 소녀'라는 밈이 8,700만원에 낙찰됐다. '못마땅한 소녀'는 전형적인 홈비디오 중 하나로, 아빠가 두 딸에게 '디즈니랜드에 가자'고 이야기하자 언니는 눈물을 흘릴 정도로 엄청 좋아했지만 옆에 있던 둘째는 못마땅한 표정을 지은 아주 단순한 영상이다. 이 영상이 유튜브에서 2,000만 회 이상 조회되며 여기저기에서 밈으로 쓰이기 시작하자 이를 NFT로 만들어 판매한 것이다.

스포츠 스타들의 카드 역시 사람들의 관심이 많은 컬렉션 품목이다. 대표적인 사례가 바로 NBA탑샷이다. NBA탑샷 거래소(부록 참고)에서는 짧지만 멋진 영상으로 만든 NBA 선수들의 경기

NBA 탑스타 르브론 제임스의 덩크슛 장면을 담은 카드가 NFT로 만들어졌다.　　출처 : NBA탑샷

장면이 NFT로 거래된다. 이중 탑스타 르브론 제임스의 덩크슛 장면을 담은 카드는 219,000달러(약 2억 3,000만원)에 거래되었다.

　이처럼 우리가 어릴 적 모았던 포켓몬 카드, 유희왕 카드는 물론 유명 연예인의 카드들까지 희소성 있는 카드들은 모두 NFT가 될 수 있다.

3

NFT, 가능성의 미래

NFT의 미래를 한마디로 정의하면 '가능성'이다. 디지털로 되어 있는 모든 것들에 대해 소유권을 증명해 주인이 정해진다는 것은 어쩌면 영원할 수 있는 디지털 세상의 모든 것들이 재정의될 수 있다는 뜻이기 때문이다.

수많은 NFT의 대상 중에서 우리가 관심을 가지고 지켜봐야 할 분야로 아트, 컬렉션, 게임 속 재화, 일생생활에의 적용으로 나누어 살펴보자.

NFT 아트

NFT 아트 분야는 디지털 아티스트들이 활동하는 곳이다. 최근에는 아마추어 작가들도 속속 NFT 아트에 뛰어들고 있다. 하지만 안타까운 것은 이 시장이 이미 충분히 열려 있음에도 불구하고 아직 기존의 작가들이 들어오지 않고 있다는 것이다. 디지털 작업에 익숙한 아티스트들은 쉽게 넘어올 수 있었지만, 아날로그에 익숙한 작가들의 인식을 바꾸는 건 쉽지 않아 보인다. 물론 오프라인 작가들이 모두 넘어올 필요는 없다. 모두가 디지털로만 작업을 한다면 오히려 오프라인 작품의 가치는 더 높아질지 모르기 때문이다.

이를 달리 이야기하면 **디지털 아티스트들의 경우 제대로 자신을 알릴 수 있는 큰 장이 생겼다는 것을 뜻한다.** 무엇보다 자신의 작품에 NFT를 입혀 국내 시장과 글로벌 시장에 내놓아 자신의 가치를 전 세계에 입증할 수 있게 된 것이다. 게다가 창작물에 대해 정확하고 정당한 보상까지 받을 수 있으니 뛰어들지 않을 이유가 없다. 그러니 결정을 내렸다면 빠르게 뛰어들어야 한다. 디지털 아티스트 비플을 보라. 5,000일이라는 긴 세월 동안 매일매일 5,000개의 작품을 만들며 버텨온 인고의 시간이 NFT라는 기회를 만나 최고의 수익을 올릴 수 있었다. 지금은 바로 그 기회의 문으로 들어갈 수 있는 좋은 시기다. 이 기회의 문은 생각보다 빠르게 닫힐 수 있다. 지금만 해도 수많은 작품들이 NFT거래소에 올라오고 있다. 빨리 도전하는 사람만이 선점할 수 있는 시장이다.

컬렉션

두 번째는 컬렉션이다. 컬렉터블 마켓이라고도 하며, 수집가치가 있는 것들을 NFT로 만들어 모으는 것이다. 스포츠 스타들은 물론 연예인들까지 우리가 알만한 사람들과 관련된 것들은 모두 NFT로 만들 수 있다. NBA 스타들의 카드를 거래하는 NBA탑샷, 축구 선수들의 카드를 거래하는 소레어가 있고, 국내에서는 두산 베어스 선수들의 카드를 거래하는 두버스를 예로 들 수 있다. 가수들의 작품으로는 이날치, 세븐, 팔로알토, 나얼 등의 작품이 NFT로 발매되었다.

세상에 하나밖에 없는 작품들도 NFT로 만들 수 있다. 백범 김구 선생님이 영남일보에 보냈던 휘호가 NFT로 만들어졌고, 훈민정음 혜례본 역시 100개의 NFT로 만들어져 거래되었다. 이외에도 수집가치가 있는 많은 작품들이 NFT로 만들어지고 있다. IT 분야에서 일했던 레이레이 작가는 NFT의 매력에 빠져 2021년 4

일러스트레이터 레이레이 작가의 '마이너 히어로즈'

월 오픈씨에 '마이너 히어로즈'를 올렸는데, 36점 모두가 팔렸고, 클럽드롭스에 올린 ASCENSON(승천) 414개의 에디션 역시 완판되었다.

강력한 커뮤니티를 구축해 주는 NFT들도 컬렉션으로 볼 수 있다. 크립토펑크처럼 한정된 수량의 NFT를 소유한 사람들만 가입할 수 있는 커뮤니티가 활발하게 운영되고 있는데, 대표적인 커뮤니티로 BAYC와 우리나라의 META KONGZ(메타콩즈), Zipcy's Supernormal, KLAY APE CLUB 등이 있다.

게임 속 재화

세 번째는 게임 속 재화다. 게임 안에서 사용하는 옷이나 검, 방패와 같은 아이템들과 메타버스 속 가상 부동산, 게임에서 노동(채굴)을 통해 실제로 돈을 벌 수 있는 Play to Earn[P2E] 게임이 여기에 해당된다. 이렇게 NFT로 만들어진 게임 속 아이템은 NFT거래소에서 거래되기도 하고, 게임회사의 독자적인 마켓플레이스에서 거래되기도 한다.

오픈씨에서는 게임 아이템 NFT도 판매된다.

출처 : 크립토복셀

더샌드박스의 아이템 제작 툴 '복스 에딧'   출처 : 더샌드박스

　더샌드박스는 아이템 제작을 위한 '복스 에딧'이라는 편집 툴을 무료로 제공하고 있다. 아직은 더샌드박스에서 지원하는 아티스트가 되어야만 판매할 수 있지만 앞으로는 누구나 자신만의 NFT를 만들 수 있게 하는 걸 목표로 하고 있다.

　NFT는 아니지만 이미 로블록스나 제페토와 같은 게임에서는 누구나 아바타의 의상을 만들어서 판매할 수 있게 하고 있다. 이

로블록스에서 판매되는 다람쥐 티셔츠   출처 : 로블록스

런 아이템에 NFT가 적용된다면 누구나 쉽게 한정판 아이템을 만들어 판매하는 시장이 열릴 수 있다.

일상생활 속에서의 적용

네 번째는 일상생활 속에서의 적용이다. '그들만의 리그'라고 생각되는 뭔가 이해하기 어려운 NFT 아트와 NFT 수집품을 넘어 우리가 일상에서 편리하게 사용할 수 있는 NFT가 등장하기 시작했다.

예를 들어 세미나에 참석했다면 NFT로 된 인증서로 출석 사실을 증명할 수 있다. 학생들의 인턴 활동에 대한 증명도 NFT 인증서로 가능하다. 이러한 **인증서는 그 누구도 위조·변조할 수 없는 확실한 증명이 될 수 있기 때문에 졸업증명서·재직증명서·경력증명서 등 다양한 증명서에 있어 더 이상 누구도 흠잡을 수 없는 완벽한 문서가 될 수 있다.** 이미 호서대는 2022년 2월 졸업생 전원에게 NFT로 학위증을 발급하기도 했다. 또 어떤 모임의 멤버임을 증명하는 멤버십 카드가 NFT로 만들어진다면 이보다 더 확실한 신원보증은 없을 것이다.

명품의 경우 품질보증서에 NFT 적용이 가능하다. 종이로 된 품질보증서는 쉽게 위조·변조가 가능하고, 보관 중 분실의 위험도 있다. 품질보증서가 NFT로 대체되면 구매자는 확실한 원본증명을 받기에 가품의 위협에서 벗어날 수 있게 된다. 이렇다 보니 세계적인 명품회사들이 NFT 시장에 뛰어드는 것은 너무나 당연한 일이다(이에 대해서는 뒤에서 명품 브랜드 시장을 통해 좀 더 자세히 알아볼 것이다).

이처럼 NFT 아트를 넘어, 눈에 보이지 않지만 뭔가 대단한 것으로 여겨졌던 블록체인을 넘어, 조금 더 직접적으로 일상생활에 사용가능한 것으로 NFT는 다가오고 있다.

Part 3

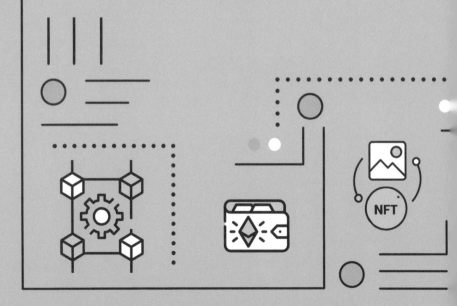

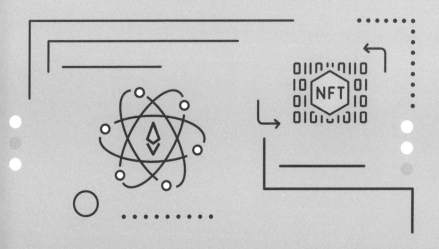

NFT
거래를 위한
4가지 요소

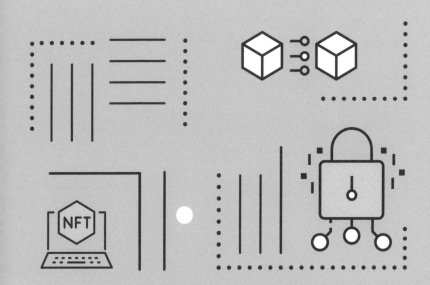

NON

FUNGIBLE

TOKEN

NFT 거래 역시 간단하게 보면 물건을 사고파는 일이다. 그렇기에 팔 수 있는 물건(콘텐츠), 팔고자 하는 사람(판매자, 크리에이터), 사고자 하는 사람(구매자, 컬렉터), 거래되는 시장(거래소, 마켓플레이스)의 4가지 요소가 필수다.

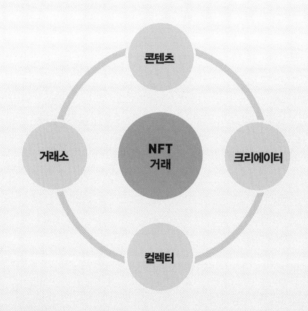

1 | 콘텐츠

콘텐츠는 NFT로 만들어진 작품들을 의미한다. 이에 대한 구분은 거래소마다 미묘하게 다르다. 콘텐츠는 크게 '아트' '컬렉션' '아이템Item'으로 구분할 수 있다. NFT가 될 수 있는 것들은 그림, 사진, 음악파일, 영상, 게임 아이템 등 디지털로 될 수 있는 모든 것들이다. 예를 들어 미술품을 사진으로 찍어 디지털 파일로 저장했다면 NFT로 만들 수 있다.

2 | 구매자

구매자는 판매자(크리에이터)들의 작품을 현금이나 암호화폐로 구입하는 사람을 말한다. 아무리 크리에이터가 많아도 그들의 물건을 사줄 사람이 없다면 이 시장은 유지될 수 없다. 구매자는 비트코인으로 부자가 된 사람들일 수도 있고, 혹시나 큰돈이 될 것을 기대하며 NFT를 구입한 투자자일 수도 있다. 무엇이 되었든 가장 중요한 건 구매자다. 그렇기에 이들을 모으고 유지할 수 있는 '커뮤니티'의 관리가 필수다.

3 | 판매자(크리에이터)

판매자는 자신이 가진 디지털 콘텐츠를 민팅해 NFT로 만드는 사람을 말한다. 편의상 이들을 '크리에이터'라고 하자. 디지털 세상에서는 누구나 크리에이터가 될 수 있다. 미술작품을 만드는 디지털 아티스트들은 물론 아날로그 작가들이나 이모티콘 작가가 될 수도 있고, 책을 쓰는 작가가 될 수도 있다. 가족들과의 영상을 찍은 부모가 될 수도 있고, 어려운 수학문제를 푸는 과정을 올린 학생이 될 수도 있고, 게임 아이템을 만드는 회사가 될 수도 있다. 누구든 크리에이터가 될 수 있다.

4 | 거래소

거래소는 크리에이터와 구매자가 만나서 거래하는 장소를 말한다. NFT 시장은 거래소가 전부라고 해도 과언이 아니다. 거래소가 없다면 거래가 성립되지 않기 때문이다. 거래소가 없다면 개인과 개인이 직거래를 통해 작품을 주고받아야 되는데, 1~2만 원 가량의 물건이면 몰라도 몇백억 원 이상의 금액이 오고 가는 시장에서는 공신력 있는 중개자가 필요하다.

거래소의 경쟁력은 얼마나 매력적인 NFT를 가지고 있느냐이다. 이 때문에 엄선한 NFT만을 선별해 올리는 거래소도 있고, 오픈마켓처럼 누구나 작품을 올릴 수 있는 거래소 등 다양한 거래소들이 등장하고 있다.

그럼, 이제부터 NFT의 4가지 요소를 사례를 통해 자세히 알아보자.

1

콘텐츠

NFT가 될 수 있는 콘텐츠는 어떤 것들이 있을까? 결론부터 말하면 디지털로 만들어진 것이라면 무엇이든 가능하다. 디지털로 그린 그림이 될 수도 있고, 아날로그 작품이라도 스캔을 통해 디지털로 변환하면 NFT로 만들 수 있다. 이외에도 도메인 주소, 음악 파일 등 디지털로 된 것이라면 무엇이든 가능하다.

최근 가장 많은 관심을 받았던 작품들을 통해 좀 더 구체적으로 NFT 콘텐츠들을 알아보자. NFT 콘텐츠는 크게 아트, 수집품, 아이템으로 구분할 수 있다.

———————

앞서 이야기한 것처럼 NFT 시장의 기폭제가 되어 시장을 이끌고 있는 것은 아트, 즉 미술품들이다.

2021년 높은 낙찰가를 보여줬던 비플의 '매일 : 첫 5,000Everydays - The First 5000Days'과 그라임스의 '워 님프War Nymph' 등의 작품이 여기에 속한다. 국내 작품 중에서는 산수화 작가 류재춘 화백의 '월하 2021', 우국원 작가의 'Bonfire Meditation', 김일동 작가의 'New Dalma 컬렉션' 등이 있다.

NFT에 대한 관심이 커지며 신진 아마추어 작가들이 많이 등단하고 있어 그 규모가 더욱 커지고 있다. 이렇게 작품들이 다양해질수록 믿을 수 있는 기성 작가들의 작품을 중개하거나 신인 작가들의 작품을 발굴하는 갤러리의 역할 역시 중요해지고 있다.

캔버스와 같은 거래소에서는 학생들이나 일반인들의 작품을 일정 기간 동안 이벤트로 판매했다. 이처럼 NFT에 관심이 있는 크리에이터라면 갤러리를 잘 활용해 누구나 꾸준히 자신의 작품을 NFT로 만들어 글로벌 무대에 선보일 수 있는 장점이 있다.

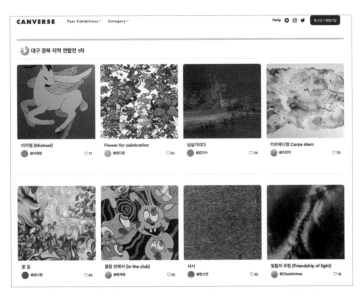

NFT 전시판매 플랫폼 캔버스의 홈페이지에서는 대학생들의 작품이 전시판매되고 있다.

출처 : 캔버스(www.canverse.org)

능력있는 작가들은 갤러리의 도움 없이 자신의 작품을 오픈씨나 마이템즈 등에 올려 대중들에게 쉽게 보여줄 수 있는 길이 열려있다. 크리에이터라면 모두가 관심을 가지고 준비해야 할 때다.

컬렉션(수집품)

암호화폐 고양이인 크립토키티, 크립토펑크, NBA 선수들의 카드를 비롯한 스포츠 스타들의 NFT는 물론 훈민정음 해례본, 백범 김구 선생님의 휘호, 스티브잡스의 입사지원서 등 다양한 것들이 컬렉션에 해당한다.

수집품은 두 가지로 나눌 수 있는데, 하나는 이미 이름이 알려진 유명한 사람들의 작품이다. 두 번째는 유명하진 않지만 한정판으로 만들어 몇 명에게만 구입할 수 있게 하여 희소성을 유지하는 작품들이다.

컬렉터(구매자)의 눈에 들기 위해서는 누구나 쉽게 가질 수 없는 희귀품임을 보여줄 필요가 있다. 1만 개로 한정된 크립토펑크, 역시 1만 개의 지루한 원숭이^{Bored Ape}, 3,350개의 이상한 고래들, 100개만 존재하는 이더락^{EtherRock} 등이 이에 해당한다. 이런 작품들을 '제너레이티브 아트'라고 하는데, 사람이 그린 작품과 컴퓨터 알고리즘이 함께 작업한 결과를 말한다. 작가가 전체적인 그림을 그린 후 컴퓨터를 사용해 수백수천 개의 무작위 조합을 만들어 내는 기술이다. 다만 **단순히 무작위의 작품들을 만들어 내는 것으로는 사람들의 관심을 받지 못한다. 그래서 남들과 다른 '스토리'가 필요하다.**

1 │ 커뮤니티 기반의 NFT
■ 지루한 원숭이들의 요트클럽

'지루한 원숭이들의 요트클럽Bored Ape Yacht Club'은 커뮤니티 요소를 멋지게 엮은 NFT다. 암호화폐 시장에서 무엇을 하면 재미있을까를 고민하던 4명이 시작한 프로젝트로, 이들은 BAYC라는 이름의 홈페이지를 만들었다. BAYC 홈페이지는 누구나 들어올 수 있다. 하지만 THE BATHROOM과 같이 특별한 커뮤니티 공간에 들어가기 위해서는 Bored Ape NFT가 있어야만 가능하다.

특정한 누군가만 입장할 수 있는 커뮤니티라는 스토리에 힘입어 NFT 가격은 계속 올라갔고, Bored Ape NFT 7,090번째 작품은 600이더리움(약 228만달러)에 판매되기도 했다.

지루한 원숭이들의 요트클럽(BAYC)에는 특별한 커뮤니티 공간이 있다. 출처 : BAYC 홈페이지

2021년 9월에는 음향기기 브랜드 소울SOUL과 함께 NFT 온라인 경매를 개최했다. 여기는 Bored Ape NFT를 소유한 개인만 참여할 수 있는 비공개 경매로, 낙찰자에게는 Bored Ape NFT 디자인을 담은 특수한 무선 헤드폰을 주었다. 이처럼 NFT 소유자만을 위한 특별한 행사들이 개최되다 보니 가치는 더 오를 수밖에 없다.

BAYC는 단순히 NFT를 샀다는 게 중요한 것이 아니라 NFT를 가진 사람들을 하나의 커뮤니티로 묶어주었다는 점에서 앞으로 NFT가 나아가야 할 방향을 보여주고 있다.

■ 트레져스 클럽

우리나라에도 멋진 스토리를 가진 NFT 프로젝트가 있다. 바로 트레져스 클럽이다. 트레져스 클럽은 클레이튼을 기반으로 16,000개의 작품을 만들었다. 지구의 보물들을 모아 우주로 떠난다는 의미를 가지고 있는데, 각각의 작품은 인류사를 관통하는 58가지 보물이 조합되어 있다. 본인이 소장한 작품에서 이를 발견하는 재미가 있다. 트레져스 클럽은 영화 〈특송〉의 개봉에 맞춰 클레이튼을 기반으로 한 NFT를 발행했는데, 총 3,000개 중 프리세일한 1,000개가 오픈과 동시에 1초 만에 완판되었고, 메인세일에서도 나머지 2,000개가 5초 만에 매진되었다.

지구의 보물을 모아 우주로 떠나는 스토리를 가지고 있는 트레져스 클럽　　출처 : 트레져스클럽 홈페이지

■ Zipcy's SuperNormal

2022년 1월 말 일러스트레이터 집시와 NFT거래소 코인베이스의 최유진 개발자가 함께한 'Zipcy's SuperNormal' 프로젝트가 진행되었다. 다양한 조합을 통해 각기 다른 8,888개의 NFT가 만들어졌고, 오픈씨에서 판매된 첫날에는 평균 5~6이더리움까지 거래될 정도로 성공한 프로젝트가 되었다. 슈퍼노멀 프로젝트는 해외 프로젝트이다 보니 다양한 해외 아티스트들과의 협업이 이루어졌다는 특징이 있다. 2월 18일에는 Cover Art Video가 제작되어 유튜브를 통해 오픈되었다.

슈퍼노멀 프로젝트에서는 '디지털과 아날로그' '성별' '인종' '평범과 비범'의 경계에 대해 탐구한다.

■ **Klay Ape Club**

클레이에이프클럽은 한국의 BAYC가 되고자 시작한 프로젝트다. 2021년에는 첫 번째 버전인 V1, 2022년 상반기에는 V2가 각각 1만 개씩 NFT로 제작되었다. 이 클럽의 장점은 커뮤니티와 운영방식에 있다. 각각 1,000명이 넘는 카카오톡 오픈채팅방이 4개 운영되고 있고, 모래예술의 샌드방 작가, 강백호·박치국과 같은 야구선수들이 NFT를 보유한 홀더로 합류해 활동하고 있다.

국내 최초 클레이 기반의 유인원 NFT

출처 : 클레이에이프클럽

클레이에이프클럽은 웹 3.0의 가장 큰 특징으로 이야기되는 탈중앙화 자율조직(DAO)으로 운영되는데, 국내 최초의 크립토 펀드인 끼끼펀드의 운영, 빅테크 기업과의 협업 등 주요 안건을 NFT를 보유한 홀더들의 투표를 통해 결정하고 있다.

이들은 크립토복셀, 더 샌드박스, 디비전월드 등 다양한 메타버스 플랫폼 내의 땅을 보유하고 있으며, 이곳에서 다양한 이벤트를 진행하고 있다.

88

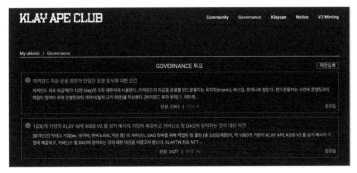

클레이에이프클럽은 DAO 운영방식을 채택해 거버넌스 투표를 하고 있다.　　출처 : 클레이에이프클럽

2 │ 신문사, 잡지사의 기사와 표지

신문사, 잡지사들도 NFT에 뛰어들었다. 〈뉴욕타임스〉는 'Buy This Column on the Blockchain!'이란 칼럼을 NFT로 만들어 56 만달러(약 6억 3,000만원)에 팔았다.

시사주간지 〈TIME〉은 2021년 3월 '신은 죽었는가?(1966년)' '진실 은 죽었는가?(2017년)' 그리고 '명목화폐는 죽었는가?(2021년)' 등 3개의 잡지 표지를 NFT로 만들어 44만 6,000달러에 판매했고, 9월에는 40 명의 아티스트가 '더 나은 세상을 위하여'라는 주제로 만든 4,676개 의 컬렉션 '타임피스TIMEPiece'를 만들어 1분 만에 매진시켰다. 작품당 가격은 0.1이더리움으로, 이 작품을 구입한 사람들에게는 2023년까 지 타임닷컴 사이트를 무제한으로 이용할 수 있는 혜택도 주었다.

〈TIME〉의 표지가 NFT거래소 슈퍼레어에서 276이더리움에 경매되었다.　　　출처 : TIME

　　영국 경제 주간지 〈이코노미스트〉의 9월 18일자 표지 '디파이의 약속과 위험성'은 파운데이션 거래소에서 99.9이더리움(약 41만 9,000달러)에 낙찰되었다.

　　우리나라에서는 영남일보에서 백범 김구 선생님의 휘호가 들

영남일보가 백범 김구 선생의 휘호를 NFT로 만들어 자체 플랫폼 캔버스를 통해 판매했다.　　　출처 : 영남일보

어간 1946년 1월 1일자 신년호를 9개의 NFT로 만들어 각 500만
원씩에 판매하는데 성공했다.

이처럼 구독료와 광고료만으로 유지되던 신문사와 잡지사들
에게 NFT의 활용은 새로운 수입원이 되고 있다.

3 | 밈 Meme

우리나라에서는 '짤'이라 부르는 짧은 동영상 '밈' 역시 수집의
대상이 되고 있다. 밈 거래의 역사를 연 건 '냥캣 Nyan Cat'이다. 2021
년 냥캣의 10주년 생일을 맞아 원 제작자는 '리마스터링 원본' 파
일을 NFT로 만들어 경매에 올렸는데, 5억 5,000만원 가량에 낙찰
되었다.

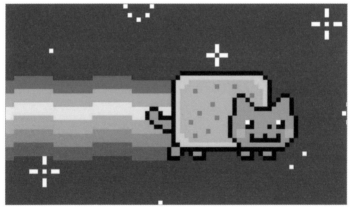

냥캣 캐릭터 생성 10주년을 기념해 NFT로 만든 리마스터링 원본 파일이 경매에 올라 이더리움 300개
에 낙찰되었다.   출처 : Nyan Cat 유튜브

도지코인의 주인공인 '도지'(왼쪽) '재앙의 소녀' 밈(오른쪽)   출처 : 유튜브 화면 캡처

앨런 머스크의 발언 때문에 더 유명해진 도지코인과 도지코인
의 주인공인 '도지'를 기반으로 만든 다양한 밈은 1,696이더리움
(약 400만달러)에 낙찰되었다. 이외에도 화재 현장을 보고 미소짓는
것 같은 사진이 찍혔던 '재앙의 소녀' 밈은 43만달러(약 5억원)에, 디
즈니랜드에 가자는 아빠의 이야기에 못마땅한 표정을 지었던 소
녀의 밈은 7만 4,000달러(약 8,700만원)에 낙찰되었다. 국내에서는
무한도전에 출연했던 한 출연자가 '무야호'를 외치는 짤이 950만
원에 낙찰되기도 했다.

그런데 사람들은 왜 '밈'을 구입하는 걸까? 물론 구입을 해서
상업적으로 사용할 수도 있겠지만 현실적으로 쉽지 않다. 오히려
자기 과시를 위한 '플렉스flex'에 가까워 보인다. 내가 이 정도 돈을
주고 이런 NFT를 살 정도의 재력이 된다는 것을 보여주는 수단이
되었다고 보는 게 맞을 듯하다.

게임 아이템

블록체인 기반의 게임인 디센트럴랜드나 더샌드박스의 아이템들 역시 오픈씨와 같은 거래소에서 거래가 된다. 국내에서는 위메이드의 미르 4가 글로벌 버전에 'X드레이코'라는 NFT거래소를 만들어 게임 속의 아이템과 게임 캐릭터를 다른 사람에게 판매할 수 있도록 했다.

위메이드의 NFT거래소 'X드레이코'   출처 : X드레이코(www.xdraco.com)

게임 아이템 관련 내용은 관심이 많은 분야여서 Part 5의 P2E에서 좀 더 자세히 알아볼 것이다.

구매자

NFT를 구입하는 이유

NFT로 작품을 구입하는 사람들은 어떤 사람들일까? 앞서 이야기한 비플의 '매일 : 첫 5,000일'이라는 작품을 785억원에 산 사람은 싱가포르의 NFT 펀드 '메타퍼스Metapurse'의 CFO인 메타코반(본명은 비네쉬 순다레산)이다. 그는 인터뷰에서 비싼 돈을 들여 NFT 작품을 구입한 이유로 '인도인과 유색 인종들에게 그들도 후원자가 될 수 있고, 암호화폐는 평등한 힘이라는 걸 보여주기 위해서'

라고 말했다.

여기서 '후원자'란 예술품을 구입한 사람을 의미한다. 예술품을 구매함으로 예술가들을 후원한다고 해석된다. '평등한 힘'이라는 건 누구나 암호화폐로 많은 자산을 만들 수 있다는 것을 이야기한 듯하다. 하지만 아무리 좋은 의도라 해도 NFT 펀드를 운영하는 회사의 임원이 비싼 돈을 들여 NFT를 구입했다는 건 NFT 시장을 더 크게 키우기 위해 일부러 그런 것 아니냐라는 의심을 받을 수밖에 없다.

2021년 5월에는 이세돌 9단이 알파고와의 대국에서 승리한 기보를 담은 NFT가 60이더리움(당시 2억 5,000만원)에 낙찰되었다. 낙찰을 받은 사람의 이름은 밝혀지지 않았지만('두한캐피탈'이라는 회사로 구입) 한 언론과의 인터뷰에서 자신을 흙수저 자영업자에서

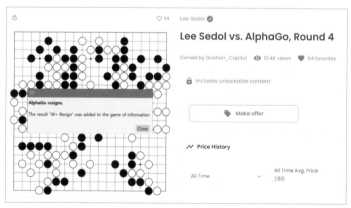

이세돌 9단이 알파고와의 대국에서 승리한 기보를 담은 NFT가 높은 가격에 판매되었다.   출처 : 오픈씨

암호화폐 투자로 자산가가 된 사람이라고 소개했다.

이 두 사례를 통해 보면 **NFT를 구입하는 사람들은 암호화폐에 대해 잘 알거나, NFT 관련업계에 종사하는 사람들이라는 것을 알 수 있다.** 2021년 10월 미국의 블록체인 분석기업 문스트림이 내놓은 보고서에 따르면 오픈씨와 니프티게이트웨이 등의 NFT 거래소에 등록된 구매자들의 지갑을 분석한 결과 상위 16.71%가 70% 이상의 이더리움 기반 NFT를 보유한 것으로 나타났다. 이는 결국 암호화폐를 가진 코인 부자들이 암호화폐를 활용하는 수단으로 작품을 구입하고 있다는 것을 의미한다. 아직까지는 이 시장을 그들만의 리그로 봐야 하는 이유다.

이처럼 사람들이 NFT 작품을 구입하는 이유는 정말 작품이 좋아서 구입하기도 하겠지만 나중에 가격이 오를 수도 있다는 것을 믿는 투자의 수단으로 구입하거나, 암호화폐로 돈을 많이 번 사람들의 플렉스 수단으로 볼 수 있다.

누구나 NFT를 사는 세상이 온다

최근 NFT 시장에 떠오르는 큰손들은 NFT 작품에 관심이 생긴 자산가들이다. NFT 아트가 사람들의 관심을 끈 건 '미술품'과 맞

닿아있기 때문이다. 자산가들의 전통적인 투자수단 중 하나가 미술품이라고 봤을 때, NFT 아트 역시 형식만 바뀐 미술품이라 볼 수 있다. 자산가들은 이를 통해 자산을 보관하고 여기에 더해 추가수익까지 기대할 수 있는 수단이니 구입하지 않을 이유가 없다.

하지만 이제는 이런 돈 많은 사람들의 투자수단을 떠나 누구나 NFT를 손쉽게 사고팔며 활용하는 시대가 열리고 있다. 일반인들은 어떻게 NFT로 수익을 올릴 수 있을까? 가장 간단한 방법은 희소성 있는 작품을 구입해서 파는 것이다. 클립드롭스와 같은 곳에서 매일 드랍되는 작품들을 구입한 후 가격이 오르는 것을 기다렸다가 마켓플레이스에서 판매하거나, 거래소에서 이벤트를 할 때 무료로 주는 작품들을 받았다가 가격이 오르면 팔 수도 있다. NBA탑샷이나 두버스와 같이 스포츠 선수들의 카드 팩을 오픈할 때 특별한 카드를 구입해 가격이 오르면 판매할 수도 있다. 혹은 P2E 게임에서 희소성 있는 게임 속 랜드를 구입하거나 게임 아이템을 거래하는 것도 하나의 방법이다.

3

판매자 (크리에이터)

NFT를 만드는 사람들(크리에이터)

NFT 크리에이터로 접근하기 가장 쉬운 사람들은 기존에 디지털로 그림을 그리던 디지털 아티스트들일 것이다. 이들은 평소 포토샵과 같은 디지털 도구로 그림을 그려왔기 때문에 작품을 NFT로 만드는 건 어렵지 않다. 대표주자로 디지털 아티스트 비플이 있고, 국내에는 '맥도날드 달마도'로 유명한 김일동 작가, 일러스트레이터 집시, 아티스트 마리킴, '마이너 히어로즈'의 레이

김일동 작가의 달마도는 즐겁고 발랄하고 경쾌하다.   출처 : 트라이엄프엑스

레이 작가 등이 대표적인 NFT 크리에이터다.

크리에이터에게 NFT가 매력적인 이유

앞서 누차 이야기했듯이 누구나 자신이 그린 그림, 사진, 영상으로 NFT를 만들 수 있다. 유튜브는 누구나 자신의 일상을 찍어서 올리는 홈비디오로 시작했다. 이어 스타 유튜버들이 등장했고, 기존의 레거시 미디어라 할 수 있는 방송사들은 물론 유명 스타들도 대거 유튜브에 뛰어들어 판은 더 커졌다. NFT 시장도 마찬가지다. 어느 곳이나 처음에는 기회의 문이 넓다. 물론 유튜브가 누구나 무료로 볼 수 있게 했기에 성공한 것과 비교할 수는 없겠지만 NFT 시장 역시 국내만이 아니라 글로벌 시장으로 열려 있고, 사진과 그림뿐 아니라 게임아이템, TEXT, 영상 등 다양한 디지털 작품들이 거래될 수 있는 곳이기 때문에 기회는 무궁무진하다.

특히 최근 들어 많은 NFT거래소가 등장하며 거래소마다 함께 성장할 파트너 크리에이터를 모집하고 있다. 거래소 역시 크리에이터들이 작품을 올려줘야 거래가 이루어지는 구조이다 보니 **NFT가 태동하고 있는 지금이 크리에이터를 꿈꾸는 사람들이 대접을 받을 수 있는 좋은 기회이자 새로운 도약의 발판이 될 수 있다.**

MetaGalaxia 크리에이터 지원하기

안녕하세요, MetaGalaxia 큐레이션 팀 입니다.
MetaGalaxia는 디지털 아트의 확산과 선별된 작품의 발행과 안전한 거래를 지원하는 서비스 입니다.

MetaGalaxia에서 크리에이터로 등록을 원하시면 아래 내용 참고하시어 지원 부탁 드립니다.

◆ 지원 대상
 - 만 19세 이상
 - 디지털 콘텐츠로 작품을 표현할 수 있는 모든 크리에이터
  ※디지털콘텐츠: 이미지, 사진, 동영상, 음원 등 다양한 디지털 포맷의 작품

◆ 크리에이터 선정 프로세스
 - 크리에이터 작품 내부 검토
 - 크리에이터 선정 및 개별 연락
 - 크리에이터 발행 작품 협의 및 계약 체결
  ※지원 일에서 선정 결과 발표까지 약 3주 정도의 기간이 소요됩니다.

◆ 혜택
 - MetaGalaxia 플랫폼 내 작품 소개 및 판매 지원
 - 전시회 참여, 단독 큐레이션 오픈 등 이벤트 지원
 - 언론 홍보 등 대외 작품 홍보

크리에이터를 모집하고 있는 NFT거래소 화면 캡처   출처 : MetaGalaxia

크리에이터들에게 NFT는 3가지 이유에서 매력적일 수밖에 없다. **먼저 자유로운 작품 활동이 가능하다.** 물론 다양한 NFT 프로젝트를 회사들과 콜라보해서 진행하는 경우에는 완전히 자유롭지는 못하겠지만, 그래도 원한다면 누구의 눈치도 보지 않고 자유롭게 어디에든 자신의 작품을 만들어 올릴 수 있다. 창작의 영역도 무한대로 늘어나게 된다. 아주 멋진 그림이 아니더라도 스토리를 가진 작품들이 성공하는 것들을 우리는 충분히 보아왔다.

둘째, 기회가 많다. 우리나라를 넘어 글로벌로 진출할 수 있다. 당장 오픈씨만 이용하더라도 글로벌 마켓에서 수많은 사람들에게 작품을 선보일 수 있다. 명성이 생기게 되면 글로벌 대기업들과의 제휴도 쉽게 이루어질 수 있다.

셋째, 투명한 수익구조다. 모든 거래내역이 블록체인에 기록되다 보니 본인이 소유한 아주 작은 금액의 작품이라도 거래내역을 확인할 수 있다. 여기에 '로열티'를 설정해 두면 작품이 재판매되었을 때마다 크리에이터는 수익을 얻을 수 있다.

사이버 휴먼, 사이버 아티스트가 되다

NFT라는 디지털 아트의 영역에 무서운 경쟁자가 등장하고 있다. 바로 사이버 휴먼이다. 가상인간 릴 미켈라가 슈퍼레어에 올린 'Rebirth of Venus'란 작품은 159.5이더리움(당시 82,361달러, 약 9,800만원)에 낙찰되었다.

우리나라에서는 〈NFT BUSAN 2021〉에서 도어오픈이 사이버 휴먼 '노아' '선우' '마리'의 사진을 NFT로 만들어 경매에 올려 각각 65만원, 250만원, 400만원에 낙찰되었다.

도어오픈이 만든 사이버 휴먼 '선우' '마리' '노아' NFT   출처 : 도어오픈

아직 이런 사례가 많지는 않지만 국내에서도 '로지'를 비롯한 사이버 인플루언서들이 광고시장을 접수하는 등 점점 입지를 넓혀가고 있다. 이처럼 사이버 휴먼을 활용한 다양한 콘텐츠들이 NFT화 된다면 사이버 인플루언서들은 어쩌면 강력한 크리에이터로 자리잡게 될지도 모른다.

거래소

거래소의 역할

NFT거래소는 판매자와 구매자를 연결하는 장터라고 보면 된다. 예를 들어보자. 홍대 앞 놀이터 주변에는 저녁마다 예술장터가 열린다. 해가 질 무렵이면 아마추어 작가들이 하나둘 자리를 펴고 각자의 물건을 팔고, 지나가던 사람들은 멈춰서 물건을 구입한다. 이때는 서로 개인 간의 거래이기 때문에 누군가에게 수수료를 낼 필요가 없다. 개인과 개인 간의 중고거래를 생각해도 좋다.

그런데 이런 장터가 유지되기 위해서는 서로간 공간 사용에 대한 약속이 있어야 한다. 관리하는 사람이 없다 보니 자칫하면 장터가 온갖 쓰레기로 가득하기 쉽다. 게다가 장사하러 오는 사람들이 물건을 사러 오는 사람보다 많게 되면 발 디딜 틈 없이 물건으로만 가득차게 된다. 이렇게 구매자와 판매자 둘 다 만족하지 못하는 상태가 되면 시장은 결국 망하게 된다.

이때 누군가가 인위적으로 시장을 만들고 사람들에게 물건을 팔 수 있는 자격을 부여한다면 어떨까? 이렇게 되면 아무나 와서 아무런 물건이나 파는 곳에서 제대로 관리가 되는 곳으로 바뀌게 된다. 물론 이 경우에는 관리비를 내야 한다. 이때부터는 상인과 그들이 파는 물건의 '신뢰도'가 중요해진다. 어떤 물건을 판매하던 구매자와 판매자의 선택에 맡기면 되겠지만 좀 더 높은 퀄리티의 시장을 만들고 싶다면 물건을 파는 상인들을 관리해야 한다. 동네 시장과 백화점을 생각하면 쉽게 이해가 될 것이다. 물건의 등급을 나누어 최고의 물건들로만 구성해 놓는다면 돈 많은 사람들을 손님으로 끌어들일 수 있다.

이제 거래소 이야기로 돌아와 보자. **판매자(크리에이터)들이 자신의 작품을 거래소에 팔기 위해서는 두 가지 절차가 필요하다. 하나는 작품을 NFT로 만드는 것이고, 두 번째는 거래소에 등록하**

는 것이다. 일반적으로 거래소는 거래소에 가입한 회사나 개인들이 작품을 등록할 때 NFT로 만드는 것을 대신해 준다. 이를 '민팅'이라 한다. 즉, 작품을 블록체인에 올려 NFT로 변환해 주는 일은 거래소에서 책임지고 진행해 준다. 이를 통해 판매자는 마치 블로그에 사진을 올리는 것처럼 쉽게 작품을 올리고, 이름과 설명, 가격 등만 정하면 된다.

민팅만을 전문적으로 해주는 곳에서 작품을 민팅한 후 거래소에 별도로 등록할 수도 있다. 예를 들어 카카오의 블록체인 계열사 그라운드X에서 만든 '크래프터 스페이스'는 누구나 자신이 가진 디지털 콘텐츠를 업로드하기만 하면 NFT로 만들어 준다. 이때 사용되는 블록체인은 그라운드X에서 자체적으로 운영하는 클레이튼이다. 다만 크래프터 스페이스는 NFT를 발행하는 곳으로, 개인과 개인이 거래할 수 있는 오픈마켓 형태의 NFT거래소의 기

누구나 쉽게 NFT를 만들 수 있는 제작 사이트 크래프터 스페이스

능이 없기 때문에 오픈씨 등 클레이튼과 제휴되어 있는 다른 거래소를 이용해야 판매할 수 있다.

NFT거래소의 종류와 특징

NFT거래소는 누구나 최소한의 비용(수수료)만 내고 등록하면 쉽게 사고팔 수 있는 오픈마켓형 거래소와 거래소에서 승인한 엄선된 작품만을 사고팔 수 있는 갤러리형 거래소, 그리고 특수한 작품만 거래하는 폐쇄형 거래소로 구분할 수 있다. 이외에도 어떤 블록체인 방식을 이용하는지, 거래는 암호화폐로만 가능한지 아니면 신용카드로도 결제할 수 있는지, 어떤 재화를 전문적으로 취급하는지 등으로 구분할 수도 있다.

오픈마켓형 거래소는 누구나 자신의 콘텐츠를 올리고 판매할 수 있는 거래소로, 오픈씨와 라리블이 대표적이다.

갤러리형 거래소는 오프라인에서 우리가 만날 수 있는 갤러리처럼 엄선한 작가들의 작품만을 등록하는 거래소라고 보면 된다. 대표적인 곳으로 해외에는 니프티게이트웨이와 슈퍼레어가 있고, 국내에는 클립드롭스, 메타갤럭시아, CCCV, 업비트 NFT 같은 곳들이 있다.

폐쇄형 거래소는 특수한 NFT가 거래되는 곳으로, 농구선수들의 카드가 거래되는 NBA탑샷, 축구선수들의 카드가 거래되는 쏘레어, 위메이드의 게임 아이템과 계정이 거래되는 X드레이코가 있다.

거래소마다 모두 각각의 특징들이 있다. 회원가입 방법, 화면 구성, 구매방법, 판매방법 등이 다 다르기 때문에 하나씩 확인해 보며 어느 거래소가 어떤 장점을 가지고 있는지, 거래를 할 때 어떤 점을 주의해야 하는지를 체크해 봐야 한다.

거래소를 선택할 때 특히 주의할 점이 있다. 최근 NFT가 많은 사람들의 관심을 끌자 값싼 수수료와 편리함을 내세우며 검증되지 않은 NFT거래소들이 많이 생겨났는데, 뛰어난 기술력과 탄탄한 자금력이 뒷받침되는 거래소가 아니라면 오래 가지 않아 정리될 것으로 보인다. 이 경우 거래소가 문을 닫는다면 자신이 등록한 NFT는 어떻게 되는지, 구입한 NFT는 다른 거래소에 어떻게 옮길 수 있는지 등에 대해 미리 체크해 두어야 한다.

그럼, 이제 대표적인 해외 거래소 '오픈씨'와 국내 거래소 '업비트 NFT'에 대해 살펴보자. **나머지 다양한 거래소들은 부록에 정리해 두었으니 참고하기 바란다.**

1 | 오픈씨(opensea.io)

① 기업 히스토리

오픈씨^{opensea}는 2017년 설립되었다. 설립 당시의 이름은 이더
베이^{etherbay}로, 이더리움과 이베이를 합친 말이다. NFT계의 이베
이가 되기를 꿈꿨던 회사라는 걸 짐작할 수 있다. 2020년 7월 100
만달러(약 11억 9,598만원)에서 2021년 7월에는 3억달러(약 3,587억원)
규모의 NFT가 거래될 정도로 1년 만에 300배 가까이 성장했다.

② 화면 구성

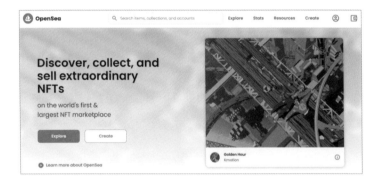

홈페이지에는 자신들이 '세계 최초의 가장 큰 NFT 마켓'이라
고 소개하고 있다. 오픈씨에서는 개별 작품들을 '컬렉션'이라고
부르고 있는데, 메인페이지에서 화면을 조금 내려보면 최근 7일

동안 가장 비싸게 거래된 컬렉션들을 볼 수 있다.

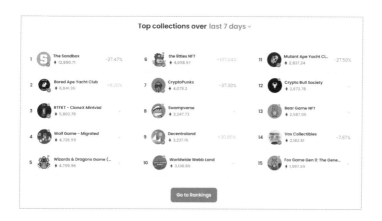

컬렉션 안에서는 각각의 작품에 대한 정보를 볼 수 있는데, 컬렉션 중 상단에 올라와 있는 Bored Ape Yacht Club을 살펴보자. BAYC에 들어가면 이 컬렉션은 모두 10.0K(1,000개)의 작품으로 이루어져 있으며, 소유자는 5.9K(590명) 가량이라는 것을 알 수 있다.

메인페이지에서 좀 더 하단으로 내려가면 오픈씨에서 분류한 카테고리들을 볼 수 있다. NFT 아트 외에도 음악, 사진, 도메인 네임, 트레이딩 카드 등 다양한 것들이 거래되고 있다. 많은 작품들이 있으니 천천히 둘러보자.

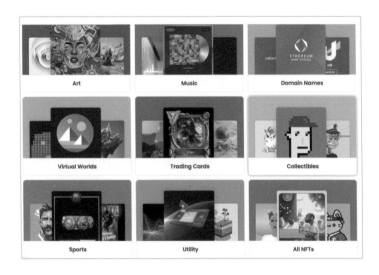

③ 작품 화면 구성

각각의 작품 화면은 어떻게 구성되어 있는지 앞에서 봤던 '지루한 원숭이' 컬렉션 중 하나를 통해 추가적인 화면 구성을 살펴보자.

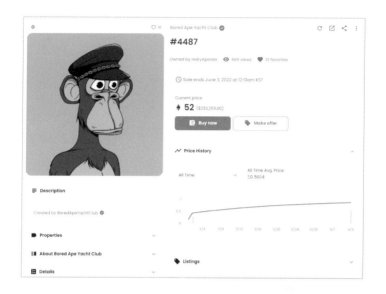

- **Owned by** : 현재 소유자를 의미한다. 클릭하면 작품의 소유자가 보유한 다른 작품들을 볼 수 있다.

- **Current price** : 작품의 현재 가격이다. 각각의 작품은 판매자가 어떤 암호화폐로 받을 것인지를 결정할 수 있는데, 이 작품은 52이더리움(약 23만달러, 약 2억 7,000만원)에 가격이 형성되어 있다(팔렸다는 의미는 아니다).

- **Description** : 작품 아래에는 상세 설명 페이지가 있는데, 여기에 해당하는 부분은 작품을 민팅할 때 크리에이터가 기록할 수 있다. 설명을 자세하게 적으면 그만큼 구매자들에게 선택받기 쉽다.

- **Created by** : 누가 만든 작품인지를 확인할 수 있다.

- **Properties** : 작품의 속성에 해당하는 부분이다. '지루한 원숭이' 컬렉션은 각각의 원숭이들이 모두 다른 모양을 가지고 있기 때문에 각각의 원숭이에 대한 속성값이 표시되어 있다. 다른 원숭이의 Properites와 비교하면 눈이 큰지, 털은 무슨 색인지, 모자를 썼는지 등의 내용을 확인할 수 있다 (게임 아이템의 경우에 꽤 중요한 요소가 될 수 있다).

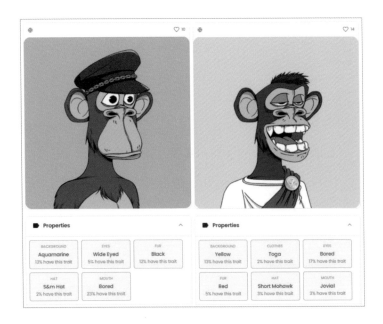

- **About ~** : 작품에 대한 세부적인 설명이다.
- **Details** : 이 NFT가 이더리움 블록체인에 속해 있다는 것과 ERC-721로 만들어졌다는 것, 컨트렉트 주소를 알 수 있다. 참고로 클레이튼으로 제작된 작품은 Blockchain 부분에 Klaytn이라고 표시된다.

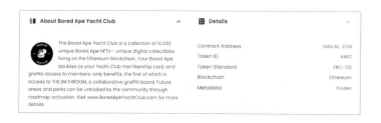

여기서 Contact Address를 클릭하면 이더리움의 경우 Etherscan 사이트가 실행되며 해당 NFT에 대한 거래내용을 확인할 수 있다.

- **Item Activity** : 화면 하단의 Item Activity를 보면 이 작품이 언제 민팅^{Minted}되었으며, 누구에게서 누구에게로 팔렸는지 작품의 이력을 한눈에 확인할 수 있다.

Item Activity				
Filter				
Sales X Transfers X Clear All				

Event	Price	From	To	Date
Transfer		chalky	PatDimitri	7 months ago
Sale	♦ 0.42	chalky	PatDimitri	7 months ago
Transfer		Darlington ✔	chalky	7 months ago
Sale	♦ 0.15	Darlington ✔	chalky	7 months ago
Minted		NullAddress	Darlington ✔	7 months ago

④ 수수료

오픈씨의 수수료는 최초 등록수수료와 판매·결제수수료로 나누어진다. 최초 등록수수료는 상점 등록비라고 생각하면 된다. 오픈씨에 작품을 처음 등록하며 판매 신청을 할 때 70달러 정도의 비용이 지출된다. 이후에는 별도의 비용이 들지 않는다. 2021년 초까지는 경매로 올릴 때마다 수수료가 발생했는데, 지금은 경매 역시 추가수수료를 받지 않는다. 작품이 판매되었을 때에는 거래금액의 2.5%가 판매수수료로 부과된다.

⑤ 결제방식

작품이 거래될 때 결제받는 방식을 말한다. 처음 가입했을 때 이더리움(메타마스크)으로 가입했다면 이더리움으로 결제받게 되며, 클레이튼(카이카스)으로 가입했다면 클레이로 결제금액을 설정하게 된다.

⑥ 한 줄 정리

• 오픈씨는 세계 최대의 NFT 오픈마켓이다.

• 카카오의 클레이튼과도 제휴되어 있다.

• 사진에서 음악파일까지 다양한 작품들이 거래되는 곳이다.

• 수수료는 최초 컬렉션을 만들 때에만 부과되며, 작품이 팔
  릴 때마다 2.5%의 수수료가 부과된다.

2 | 업비트 NFT(upbit.com)

① 기업 히스토리

업비트는 두나무가 운영하는 암호화폐 거래소로, 방탄소년단
의 소속사 하이브와도 제휴를 하는 등 가장 핫한 국내 거래소 중
하나이다. 업비트는 2021년 11월 NFT거래소를 런칭했다.

별도로 NFT거래소의 홈페이지를 만들지 않고, 업비트 거래소
내의 한 항목으로 만든 건 암호화폐 투자를 하는 사람들이 자연
스럽게 NFT도 거래하기를 원했기 때문이다.

② 회원가입(로그인)

업비트 NFT는 PC에서만 이용이 가능하다. 크롬 웹브라우저에서 접속 후 회원가입 버튼을 누르면 카카오 계정으로 로그인할수 있다. 웹에서 가입을 하더라도 '신분증 인증'은 스마트폰에서 진행해야 한다. 회원가입 후 로그인할 때에도 카카오에서 한 번더 승인해야 한다.

업비트 상단의 [NFT]를 클릭하면 업비트 NFT로 이동할 수 있다. 업비트 NFT는 갤러리형 거래소를 지향하기에 개인의 콘텐츠

를 올리는 오픈마켓은 아니다. 작품은 정해진 날짜에 해당 작품들을 하나씩 공개하는 'Drops'와 큐레이팅한 작품들 중에서 구입할 수 있는 'Marketplace'로 나뉜다.

경매방식으로 구입할 수 있는 Drops 메뉴에 들어가 경매 중인 작품을 클릭해 보자. 다음 작품을 보면 오른쪽 현재가 아래 경매방식에 'English Auction'이라고 적혀있다. 이 방식은 경매를 할 때 시초가격 없이 지속적인 경쟁으로 최고가에 입찰한 사람이 낙찰받는 방식을 말한다. Drops은 '더치 옥션'이라는 방식으로도 진행되는데, 최고가에서 시작해 점점 가격이 하락하는 방식이다. Drops의 작품들은 비트코인으로만 구입할 수 있다.

Marketplace는 다양한 컬렉터들의 작품을 자유롭게 거래할 수 있는 곳으로, 현금으로만 구입할 수 있다. 작품 화면에서는 최근 거래 체결가와 거래이력 등 자세한 정보도 제공된다. 구매를 위해서는 업비트 내 자신의 지갑에 현금을 입금해 놓고 이 지갑을 통해 구입할 수 있다.

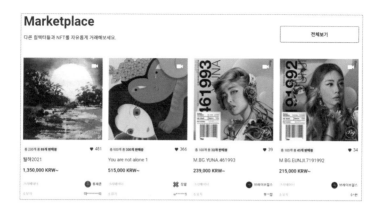

Marketplace

다른 컬렉터들과 NFT를 자유롭게 거래해보세요.

전체보기

총 200개 중 88개 판매중 ♥ 481	총 900개 중 306개 판매중 ♥ 366	총 100개 중 33개 판매중 ♥ 39	총 100개 중 40개 판매중 ♥ 34
월하2021	You are not alone 1	M.BG.YUNA.461993	M.BG.EUNJI.7191992
1,350,000 KRW~	515,000 KRW~	239,000 KRW~	215,000 KRW~

③ **수수료**

입찰 시 거래수수료는 없고, 마켓플레이스는 2.5%의 판매·구매 수수료를 받는다.

④ **한 줄 정리**

- 업비트가 워낙 탄탄한 거래소이기 때문에 앞으로의 성장이 더 기대되는 곳이다.

Part 4

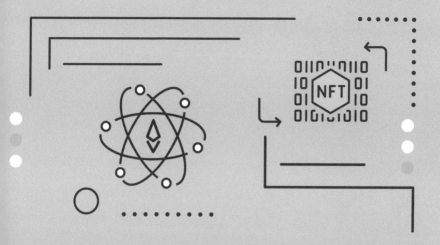

NFT
만들고, 판매하고,
구입하기

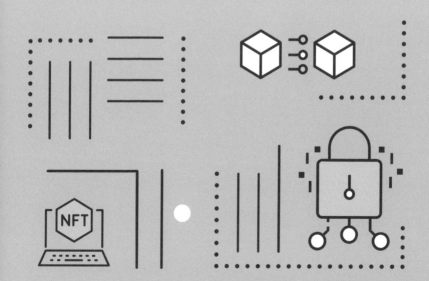

NON
FUNGIBLE
TOKEN

그렇다면 어디에서부터 어떻게 시작해야 할까? 전작 《메타버스, 이미 시작된 미래》에서 NFT에 대한 이야기를 소개하며 누구나 쉽게 자신만의 NFT를 제작할 수 있는 방법을 촬영해 유튜브에 올렸다.

영상에는 많은 댓글이 달렸는데, 이중에는 '나도 한 번 만들어 보고 싶다'는 일반인들도 많았고, 자신의 작품을 가지고 있는 크리에이터들도 있었으며, 어머님의 작품을 NFT로 만들고 싶다는 멋진 댓글도 있었다. 그런데 이들이 공통적으로 가장 궁금해했던 건 바로 시작하는 방법이었다.

NFT를 구매해 보고 싶은데 어디서 사야 하는지, 암호화폐는 어디서 사야 하는지, 지갑은 어떻게 만들어야 하는지부터 나만의 NFT 작품을 어떻게 만들어 어디에서 팔아야 하는지에 대한 질문이 많았다. 특히 블록체인 방식이라고 하니 어디에서 코딩해야 하는지, 개발자에게 맡겨야 하는지 등 복잡한 기술로 생각하는 사람들도 많았다.

그래서 Part 4에서는 NFT를 어떻게 만들고, 판매하며, 구입하는 방법까지 하나씩 친절하게 정리해 보겠다. 최대한 어려운 외계어는 뺐으니 천천히 따라해 보자.

1

NFT 만들기

NFT를 만들기 위한 기본 준비물

NFT를 만들기 위해서는 2가지가 필요하다. 크롬 브라우저와 암호화폐 지갑(메타마스크 지갑, 카이카스 지갑, 클립 지갑)이다.

NFT거래소를 이용하기 위해서는 기본적으로 크롬 브라우저를 통해 접속하는 것을 권장한다. 대부분의 거래소들이 크롬 최적화를 지원하기 때문이다.

NFT를 사고팔 때에는 암호화폐가 필요하다(최근에는 암호화폐가 아닌 신용카드로 결제할 수 있는 거래소들도 늘어나고 있지만, 대부분은 이더리움이나 클레이 등의 암호화폐를 필요로 한다). 그리고 암호화폐를 거래하기 위해서는 암호화폐 지갑이 있어야 한다. 암호화폐 지갑은 거래뿐 아니라 거래소에 로그인하기 위해서도 필요하다. 이때 이더리움으로 거래하는 곳에서는 '메타마스크'라는 암호화폐 지갑이, 클레이로 거래하는 곳에서는 '카이카스'라는 암호화폐 지갑이 필요하다.

여기에서는 오픈씨와 크래프터 스페이스, 신한플레이를 통해 NFT 만드는 방법을 알아볼 것이다. 우선 포털 사이트에서 '크롬 다운로드'를 입력하여 크롬 웹브라우저를 설치하도록 하자.

오픈씨에서 NFT 만들기

글로벌 시장에서 NFT를 만들어 판매하고 싶다면 시작은 오픈씨Opensea.io를 추천한다. 가장 많은 작품이 올라오는 곳이기도 하고, 오픈마켓이다 보니 누구나 작품을 만들어 올릴 수 있기 때문이다.

오픈씨에 회원가입을 위해서는 암호화폐 지갑을 연결해야만 한다. 오픈씨는 다양한 지갑 연동이 가능하지만, 여기서는 이더리움 기반의 메타마스크를 사용하여 NFT를 만드는 방법을 알아보자.

1 | 암호화폐 지갑(메타마스크) 설치

메타마스크 지갑을 설치하기 위해서는 먼저 크롬 웹스토어에서 'MetaMask'를 검색하여 확장 프로그램을 설치해야 한다. 설치가 끝나면 크롬 브라우저의 오른쪽 상단에 '메타마스크' 여우 아이콘이 나타난다. 참고로 '크롬 웹스토어'는 어플을 다운받을 수 있는 플레이스토어(앱스토어)와 같은 기능을 가지는 사이트이다(만약 이 아이콘을 찾을 수 없으면 크롬 오른쪽 상단의 [퍼즐 조각] 모양을 눌러보자. 여기서 찾을 수 있다).

메타마스크를 실행하면 오른쪽에 '새 지갑'과 '시드 구문'을 만들라고 나오는데, 하단의 [지갑 생성]을 클릭한다. 이때 시드 구문은 분실할 경우 다시 찾을 수 없으니 절대로 잊어버리면 안 된다. 다른 PC에서 접속해 메타마스크를 불러올 때 비밀번호와 시드 구문 모두가 필요한 경우가 있으니 나만이 알 수 있는 메모장에 복사해 놓도록 하자.

모든 절차가 끝나면 메타마스크가 생성된다(새로운 컴퓨터에서 다시 접속할 때에는 '지갑 가져오기'를 누른 후 백업구문을 입력하면 연결된다).

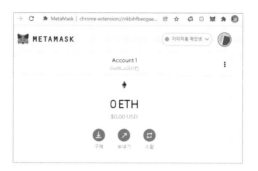

2 | 이더리움 구입

지갑을 생성하고 시드 구문을 만들면 나만의 지갑이 만들어진다. NFT거래소에 로그인하기 위해서는 지갑만 있으면 되지만, 실제로 거래를 하거나 판매를 위해서는 일정량의 이더리움이 필요하다. 오픈씨에 컬렉션을 개설해서 작품을 팔기 위해서는 초기에 일정 수수료를 이더리움으로 지불해야 하기 때문이다.

현재 우리나라는 자금세탁 방지를 위한 트래블 룰이 적용되어 메타마스크를 포함해 개인정보를 알 수 없는 지갑으로의 출금을 금지하고 있다. 물론 해외 거래소를 이용해 메타마스크로 보내는 방법이 있기는 하지만 쉽지는 않다. 여기서는 업비트를 기준으로 이더리움을 구입해 메타마스크로 보내는 방법을 알아보자(이 방법은 정책이 바뀔 수 있으니 그때그때 확인이 필요하다).

1) 업비트 등의 암호화폐 거래소에서 이더리움을 구입한다.
2) 구입한 이더리움을 암호화폐 거래소에서 메타마스크 지갑으로 보낸다.

그런데 어느 정도의 이더리움을 구입해야 할까? 1이더리움의 가격이 300~500만원 정도인데, 이렇게 큰 금액을 주고 구입할 수는 없지 않겠는가? 걱정하지 않아도 된다. 거래소에서는 0.001, 0.01식으로 소수점 단위로 쪼개서 필요한 만큼의 돈에 해당하는 이더리움만 구입할 수 있다. 필요한 이더리움은 0.2이더리움 정도이다. 우선 암호화폐 거래소에서 0.2이더리움을 구입한다. 참고로 오픈씨의 수수료는 0.03ETH(변경될 수 있다)이며, 암호화폐 거래소에서 메타마스크로 이더리움을 보낼 때에도 출금수수료가 부과되기 때문에 여유있게 바꾸어 두는 게 좋다. 이더리움의 가격이 부담된다면 다음에 설명하는 '크래프터 스페이스에서 NFT 만들기'의 카이카스 지갑으로 로그인하면 저렴한 수수료로 이용할 수 있다.

3 | 거래소에서 메타마스크로 이더리움을 송금

이제 구입한 이더리움을 메타마스크로 송금하자. 업비트를 기준으로 [입출금] → [이더리움] → [출금 신청] 메뉴에서 신청하면 된다. 출금 주소에는 본인이 가지고 있는 메타마스크 주소를 복사해 붙여놓고 '출금 신청'을 하면 된다. 메타마스크 지갑 상단에서 주소를 복사할 수 있다. [출금 신청]을 누른 후에는 스마트폰 카카오페이 앱에서 한 번 더 인증하는 절차를 거쳐야 한다.

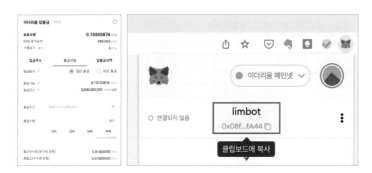

4 | 오픈씨 접속 및 로그인

오픈씨(Opensea.io) 사이트에 접속한 후 화면 상단 오른쪽 사람 모양의 아이콘을 누른다.

Connect your wallet 화면에서 [MetaMask]를 선택하여 메타마스크 화면을 열고 비밀번호를 입력하면 승인되며, 로그인 상태로 바뀌게 된다.

연결이 끝났다면 [Create] 메뉴를 클릭한 후 Collection을 만들자. 컬렉션은 자신의 작품들을 폴더로 관리하는 곳이라고 생각하면 된다.

컬렉션에서 로고 이미지와 Name, 설명 등을 적으면 나만의 컬렉션이 만들어진다. Royalties 부분에는 내 작품이 다시 재판매가 되었을 때의 수수료를 정할 수 있다. 이때 Royalties의 수수료를 넣으면 자신의 블록체인 지갑주소도 함께 넣어야 한다. 블록체인 에는 이더리움 기반을 선택한 후 [Create]를 누르면 된다.

5 | 작품 등록

자, 이제 오른쪽 상단의 [Add item]을 클릭해 작품을 등록해 보자. 이미 만들어 놓은 그림 파일을 선택하면 빠르게 NFT를 만 들 수 있다(이미지뿐 아니라 음악파일도 올릴 수 있다). 나머지 설정들을 자 세하게 기록해 놓으면 구매자들이 검색하는데 도움이 된다. 여기 까지 NFT를 만드는 데에는 별다른 비용이 들지 않는다.

Create New Item

* Required fields

Image, Video, Audio, or 3D Model *

File types supported: JPG, PNG, GIF, SVG, MP4, WEBM, MP3, WAV, OGG, GLB, GLTF. Max size: 100 MB

Name *

Dokkaebi #001

External Link

OpenSea will include a link to this URL on this item's detail page, so that users can click to learn more about it. You are welcome to link to your own webpage with more details.

https://yoursite.io/item/123

Description

The description will be included on the item's detail page underneath its image. Markdown syntax is supported.

Dokkaebi #001
First edition

Collection

This is the collection where your item will appear. ⓘ

Dokkaebi project

이름과 자세한 설명은 한글로도 적을 수 있다. Properties는 비슷한 작품들을 만들 경우 속성을 정해 주는 부분이다.

작품을 등록할 때 1개의 작품이 아닌 여러 개의 에디션을 판매하고 싶다면 Supply에서 수량을 넣으면 된다. 다만 여러 개의 에디션으로 만들 경우에는 블록체인을 이더리움이 아닌 폴리곤을 선택해야 한다. 모두 끝났다면 Create를 누르자.

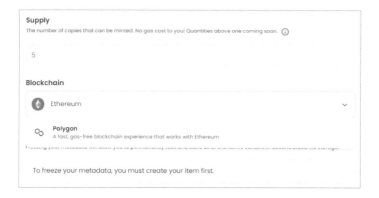

축하한다. 드디어 오픈씨에서 첫 작품이 만들어졌다.

크래프터 스페이스에서 NFT 만들기

크리에이터가 가진 작품을 NFT로 만들 때 가장 쉬운 방법은 크래프터 스페이스를 이용하는 것이다. 카카오 계열사인 그라운드X에서 만든 사이트로, 누구나 쉽게 자신의 작품을 NFT로 만들 수 있게 되어 있다. 하나씩 따라해 보자.

1 | 크래프터 스페이스 접속 및 로그인

크래프터 스페이스(www.krafter.space)에 접속하자. 크래프터 스페이스는 구글 크롬만 지원하며, 모바일에서는 사용이 불가능하다.

사이트에 로그인하기 위해서는 이메일과 비밀번호 설정이 아닌 '카이카스'라는 이름의 전용 암호화폐 지갑이 있어야 한다. 지갑을 만들기 위해 오른쪽 상단의 [로그인]을 클릭하자.

2 | 카이카스 가입 및 설치

[Kaikas로 로그인]을 누르면 설치로 넘어가는데, 여기서 다시 설치를 누르면 '크롬 웹스토어'로 이동한다. 크롬 웹스토어에서 '카이카스'라는 이름의 확장 프로그램을 설치하면 URL 창 옆에 카이카스 아이콘이 표시된다. 카이카스를 설치했으면 크래프터 스페이스에 [로그인]해 보자. 비밀번호와 계정 이름을 설정하면 이때에도 '시드 구문'이 나오는데 절대 잊어버리면 안 된다. 지금 사용하는 PC가 아니라 다른 PC에서 접속할 때 동일한 계정을 사용하기 위해서는 시드 구문을 입력해 복구해야 한다. 그러니 찾기 쉬운 곳에 잘 보관해 두자.

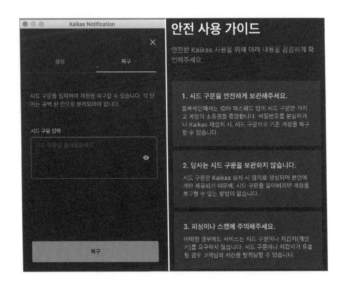

3 | 회원가입

이제 다시 크래프터 스페이스로 돌아가 [로그인]을 클릭하면 카이카스 지갑과 연결된다. 여기서 ID 생성, 이메일 주소 입력, 인증 완료까지 마무리하면 회원가입 절차가 완료된다.

4 | NFT 발행하기

로그인을 하고 메인화면 좌측의 [NFT 발행하기] 버튼을 클릭하면 [새로운 NFT 발행하기]라는 페이지로 넘어간다. 그럼 이제 본인이 소유한 이미지와 MP4로 저장된 영상을 업로드할 수 있다. 이때 용량은 10MB까지만 가능하기 때문에 영상을 올리고 싶

새로운 NFT 발행하기

파일 업로드

NFT에 넣을 이미지/영상 파일을 업로드해주세요. 최대 10MB까지 업로드 할 수 있으며, 지원하는 파일 포맷은 아래와 같습니다.
- 이미지: PNG, JPG, JPEG, GIF, WEBP (가로 세로 사이즈 600px 이상)
- 영상: MP4 (가로 세로 사이즈 600px 이상)

파일 변경

배경색

NFT 배경색을 선택해주세요. 아래 컬러칩을 눌러 색을 지정하거나, 컬러 코드를 직접 입력할 수 있습니다.

#DF5A8

이름

Dokkaebi #001

설명

미리보기

Dokkaebi #001
@eundang

다면 편집해서 용량을 맞춰야 한다. 업로드가 끝났다면 작품의 이름과 설명을 적어야 한다. 이때 국내 유저뿐 아니라 해외 유저들도 볼 수 있을 테니 이왕이면 영어로 작품에 대한 특징을 최대한 강조하자. 다 끝났다면 [발행] 버튼을 클릭한다. 작품을 발행할 때 다시 카이카스 지갑 서명이 필요하다.

등록된 NFT는 자신의 계정에서 볼 수 있다. 크래프터 스페이스에서 민팅은 무료이나 하루 10개까지만 가능하다. 10개 제한도 사용자가 많아지게 되면 그 수가 제한될 수 있다. 당연히 자신의 작품만 올려야 하며 다른 사람의 작품을 민팅시에는 저작권법에 위반되니 이 점은 각별히 주의해야 한다.

크래프터 스페이스를 이용하면 이처럼 쉽게 NFT를 만들 수 있다. 다만 크래프터 스페이스는 제작 기능만 있지 판매와 거래 기능이 없고, 카카오 클립으로 내 작품을 옮기는 것도 지원하지 않는다. 그래서 크래프터 스페이스로 만든 NFT 작품은 '오픈씨'나 'NFT매니아' 등의 오픈마켓 거래소를 통해 판매해야 한다.

5 | 오픈씨에 연결하기

오픈씨 opensea.io에 접속하자. 오른쪽 상단 사람 얼굴 모양 옆의 지갑 모양을 클릭하면 Connect your wallet 메뉴가 나온다. 여기서 하단의 [show more options]를 클릭하면 카이카스 지갑을 볼 수 있다.

카이카스 지갑을 클릭 후 비밀번호를 입력하면 자동으로 연결되며, 이후에도 오픈씨에 접속할 때에는 이 방식으로 로그인하면 된다. 다른 지갑을 가지고 있을 경우에는 별도의 계정이 생성된다.

성공적으로 카이카스를 통해 로그인했다면, 오픈씨에서 바로 크래프터 스페이스에서 만든 작품들을 확인할 수 있다. 그런데 처음에는 자신의 컬렉션에서 작품들이 보이지 않는다. 이는 [Hidden]이란 부분에 작품이 숨겨져 있기 때문이다. 해결방법은 간단하다.

　작품들 위의 [Hidden]을 클릭해 들어간 후 작품의 왼쪽 하단의 [⋯] 부분을 클릭하면 [Unhide]라는 메뉴를 볼 수 있다. 이걸 클릭한 후 오른쪽 밑의 파란색 [Unhide] 버튼을 한 번 더 클릭하면 된다. 보다 자세한 내용은 영상을 확인하자.

신한플레이에서 NFT 만들기

신한카드는 금융권 최초로 신한플레이 앱에서 NFT를 만들고 확인할 수 있는 서비스를 출시했다. 이를 사용하기 위해서는 '신한플레이' 앱을 설치해야 한다.

신한플레이에서 NFT를 만들기 위해서는 카카오 '클립'으로 로그인이 필요하며, 카카오의 NFT거래소인 클립드롭스에서 받거나 구입한 NFT를 모두 가져와 볼 수 있다(카카오 '클립'을 설치하는 방법은 다음 절의 마이템즈에서 NFT 만들기를 참고하기 바란다).

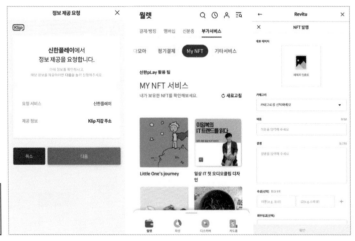

2

NFT 판매하기

NFT 작품을 만들었다면 이제 판매를 해보자. 유명한 작가가
아니라면 오픈마켓 형태의 거래소를 이용할 수밖에 없는데, 여기
에서는 해외의 '오픈씨'와 우리나라의 '마이템즈'를 통해 NFT 작
품을 판매하는 방법을 알아보자.

오픈씨에서 NFT 판매하기

오픈씨에서 바로 NFT를 만들었거나 크래프터 스페이스에서 NFT를 만들었거나 상관없이 오픈씨에서 판매를 하는 방법은 동일하다. NFT 작품 상단의 [Sell] 버튼을 눌러 판매하면 된다.

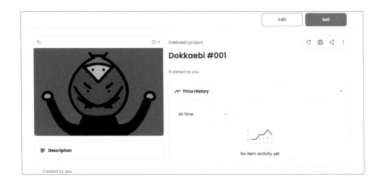

가격은 원하는 데로 설정할 수 있다. 다만 오픈씨에서 바로 올린(민팅한) 작품은 이더리움 등 여러 가지 결제수단으로 설정할 수 있는 데 반해, 크래프터 스페이스로 민팅한 작품은 클레이로만 설정할 수 있다. 또한 크래프터 스페이스로 민팅한 작품은 경매 방식으로 진행할 수 없고, 추가 에디션을 발행할 수도 없다.

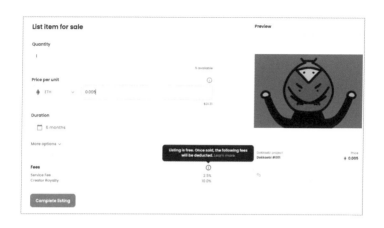

오픈씨에서 민팅한 작품은 민팅수수료 없이 판매시에만 2.5%
의 수수료가 발생하며 재판매시에는 판매자가 원하는 로열티율
을 적용할 수 있다. 여기서는 10%로 설정해 놓았다. [Complete
listing]을 누르면 Unlock 잠금 해제 메시지가 뜨고, [Unlock]을 누
르면 자신의 메타마스크 지갑이 열리고 서명하게 된다. 그리고
[Sign] 버튼을 누르면 최종적으로 판매할 수 있는 상태가 된다.

마이템즈에서 NFT 만들고 판매하기

크래프터 스페이스보다 좀 더 쉽게 나만의 NFT를 발행하여 판매까지 할 수 있는 방법이 있다. 바로 마이템즈를 이용하는 것이다.

크래프터 스페이스와 마이템즈는 둘 다 클레이튼 블록체인을 기반으로 한다. 크래프터 스페이스는 '카이카스' 지갑으로 연동되고, 마이템즈는 카카오의 '클립' 지갑으로 연동된다. 크래프터 스페이스는 오픈씨와 연동되어 글로벌로 판매할 수 있지만, 마이템즈는 마이템즈를 이용하는 사람들만 거래가 가능하다는 차이가 있다. 마이템즈는 NFT를 쉽게 만들 수 있고, 바로 마이템즈에서 판매를 할 수 있다는 장점이 있기 때문에 향후 사용자가 늘어나 글로벌을 지원하는 등 발전된 모습을 기대해 본다. 그럼, 하나씩 따라해 보자.

1 | 카카오 클립 가입

마이템즈를 사용하기 위해서는 카카오 클립에 가입되어 있어야 한다. 카카오톡에 접속해 오른쪽 하단의 [⋯]을 누르고, [전체 서비스] 메뉴를 누르면 '클립' 아이콘을 확인할 수 있다. 클립은 카카오계정으로 손쉽게 가입할 수 있다.

2 | 마이템즈 접속

이제 PC(크롬)나 스마트폰에서 마이템즈 사이트^{mytems.io}에 접속
하자(마이템즈 앱을 설치하면 편리하게 이용할 수 있다). PC의 경우 [카카오
톡으로 Klip 로그인]을 누르면 QR코드가 나온다. 이 QR코드를
스마트폰에서 인식하면 스마트폰에서 클립 승인 화면이 나오니
터치하자. 승인이 이루어지면 마이템즈 페이지에 접속된다.

3 | 마이템즈에서 NFT 만들기

마이템즈에 접속했으면 하단 가운데 [+]를 누르자. 화면은 아주 심플하다. NFT로 만들 파일을 업로드한 후 이름과 설명을 적고, 오른쪽 하단의 '만들기' 버튼을 클릭하면 된다. 하단 구매자의 콘텐츠 사용권한 동의는 2차 저작권에 대한 내용이다. 작품을 구매한 사람이 재사용하기를 원한다면 [선택]을 하고, 그렇지 않다면 [선택하지 않고 만들기를 누르면 된다. 다시 QR코드가 나오며 '클립'에서 승인하면 제작이 완료된다. 참고로 마이템즈에서 민팅은 무료이나, 월 30회 제한이 걸려있다. 축하한다. NFT 제작이 완료됐다.

4 | 마이템즈에서 NFT 판매하기

그럼 이제 NFT를 판매해 보자. 판매를 위해서는 자신이 만든 NFT를 선택한 후 오른쪽 하단의 [판매하기]를 누르면 된다. 판매 금액은 1클레이 이상으로만 정하면 되며, 정산금액은 수수료를 공제한 금액이다. 판매수수료 외에 따로 지급되는 수수료는 없다.

5 | 마이템즈에서 NFT 선물하기

마이템즈에서는 자신이 만든 NFT를 다른 사람에게 선물할 수 있다. 선물을 보내는 방법은 두 가지인데, 마이템즈에 가입한 사람의 닉네임을 검색해서 보내거나 상대방의 지갑 주소를 입력해 보낼 수 있다. 이때 한 번 보내면 철회되지 않으니 정확히 확인 후 보내야 한다.

6 | 마이템즈에서 NFT 거래시 알아둘 점

여기까지 읽었다면 '아, 내가 마이템즈에서 만들어 나에게 보내면 카카오 클립에서 볼 수 있겠는데?'라고 생각할 수 있다. 하지만 불가능하다. 우선 '나에게 보내기'가 안 된다. 그리고 마이템즈에서 만든 NFT를 카카오 클립에서 불러올 수 없다.

반대로 카카오 클립에 담긴 NFT를 마이템즈로 가져와 판매하는 건 가능하다. 이는 같은 클레이튼 기반으로 제작된 NFT라 하더라도 카카오 클립에서 공식적으로 허용하는 서비스에 속하는 곳의 NFT만 가져올 수 있기 때문이다. 예를 들어 마이템즈에서 '파이브스타즈'로 검색해 나온 게임 아이템을 구매한 경우 '파이브스타즈'는 클립과 제휴되어 있기 때문에 클립에서 볼 수 있다. 하지만 마이템즈에서 개인이 만든 NFT는 클립과 제휴되어 있지 않기 때문에 볼 수 없는 것이다. 같은 이유로 크래프터 스페이스에서 만든 작품도 클립으로 보내거나 거래할 수 없다.

3

NFT 구입하기

　NFT를 구입하는 건 크게 어렵지 않다. 다만 각 거래소마다 회원가입 절차가 이메일로 로그인하거나 암호화폐 지갑을 사용하는 등 제각각이며, 결제 역시 정해진 암호화폐를 사용해야 한다(신용카드가 가능한 곳도 있다). 여기서는 우리나라의 클립드롭스와 해외의 니프티게이트웨이에서 NFT를 구입하는 방법을 알아보자(다른 다양한 거래소들은 부록을 참고하자).

클립드롭스에서 NFT 구입하기

클립드롭스는 자체적으로 선정한 작가의 작품을 하루에 한 작품만 판매하는 방식으로 운영하고 있으며, 2021년 12월부터 이미 구입한 작품을 사고팔 수 있도록 마켓플레이스도 개설했다. 모바일 카카오톡으로만 접속이 되었던 방식도 12월부터는 클립드롭스 웹과 모바일 웹에서도 작품을 구입할 수 있도록 확장되었다.

1 | 암호화폐 '클레이' 구입

클립드롭스에서 NFT 작품을 구입하기 위해서는 '클레이^{Klay}' 코인이 필요하다. 미리 암호화폐 거래소에서 구입한 후 자신의 '클립' 지갑에 옮겨두어야 한다(이때 거래소별로 송금방법에 차이가 있으니 자세한 방법은 좌측의 QR코드를 참고하기 바란다).

2 | 클립드롭스 접속

크롬에서 클립드롭스$^{klipdrops.com}$ 사이트에 접속하자. 화면 구성은 마이템즈와 비슷하다. 화면 하단의 [1D1D]는 매일 하나의 정해진 작가의 드랍이 올라오는 곳으로, 클립드롭스에서는 이를 '디지털 아트'로 분류하고 있다. [dFactory]는 클립드롭스가 아티스트들과 합작해서 만든 프로젝트성 작품들이 올라오는 곳으로,

클립드롭스에서는 '컬렉터블스'로 분류하고 있다. [Market]은 이미 구매한 사람들이 자신들의 작품을 사고팔 수 있는 공간이다. 1D1D는 매일 아침 9시에 오픈하기 때문에 마음에 드는 작가의 작품이 있다면 이때를 놓치지 않고 구입해야 한다.

3 | NFT 작품 구입

클립드롭스에서 원하는 때에 NFT 작품을 구입하기 위해서는 [Market]을 이용하면 된다. 마음에 드는 작품 옆의 [구매하기] 버튼을 누르면 마이템즈에서 했던 것처럼 QR코드를 인식해 카카오클립으로 승인 후 로그인하는 화면이 뜬다.

당신은 굉장히 행복한 사람이다 **by 찰스 장**
70개 판매 중

| 판매 목록 | 컬렉션 정보 |

#2 of 382
판매가
2,000 KLAY
구매하기

#3 of 382
판매가
350 KLAY
구매하기

#7 of 382
판매가
1,000,077 KLAY
구매하기

로그인 후 다시 [구매하기] 버튼을 누르면 계약조건의 확인과 결제방법 선택 메뉴가 나온다. 그런데 계약조건을 자세히 살펴보면 '클립드롭스 마켓에서만 거래 가능'이라는 문구가 있다. 즉, 클립드롭스의 작품은 다른 거래소에서는 판매가 불가능하다는 점에 주의해야 한다.

[KLAY로 결제] 버튼의 아래를 보면 '결제수단 추가 예정'이라고 나와 있는데, 이를 보면 향후 카드 결제나 카카오페이 결제를 추가할 것으로 보인다. 구매가 완료된 작품은 '마이컬렉션'에서 확인할 수 있다.

4 | NFT 작품 재판매

구입한 작품을 재판매하고 싶다면 '마이컬렉션'에서 판매가를 설정하고 [동의하기] 버튼을 누르면 된다. 이때 판매가에서 [계산하기] 버튼을 누르면 중개수수료와 최초의 창작자인 크리에이터 보상금액이 계산된다.

니프티게이트웨이에서 NFT 구입하기

니프티게이트웨이에서의 구매 역시 Drops과 Marketplace 두 곳에서 가능하다.

1 | 니프티게이트웨이 접속

니프티게이트웨이(niftygateway.com)에 접속하면 현재 경매가 진행 중인 작품들과 최근에 올라온 드랍 방식의 화면이 나온다. 작품을 구입하기 위해서는 두 가지 방법 모두 회원가입 후 전화번호를 통한 계정 승인을 받아야 한다.

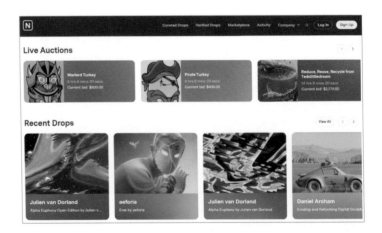

계정 승인을 위해서는 작품 설명 부분에서 [here]를 클릭한 후 전화번호를 적고 문자로 받은 6자리 숫자를 넣은 후 [Submit]을 클릭하면 된다.

2 | NFT 작품 구입

니프티게이트웨이에서 작품을 구입하려면 작품을 고른 후 작품 하단의 리스트 중에서 가격을 확인한 후 [Buy Now]를 클릭하면 된다. 다음의 작품은 총 5,827개의 에디션이 발행되었는데, 각각의 주인들이 파는 가격이 모두 다르다.

니프티게이트웨이의 작품들은 신용카드로 구매하거나 미리 니프티게이트웨이의 계좌에 채워놓은 현금과 이더리움으로 결제할 수 있다.

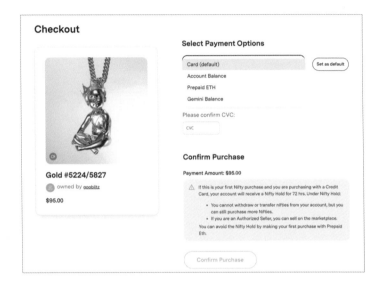

Part 5

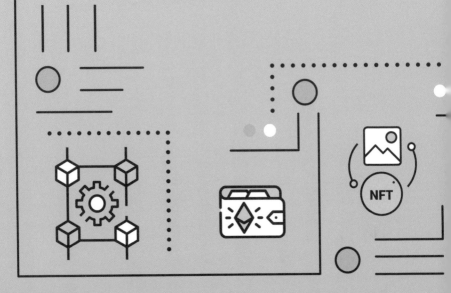

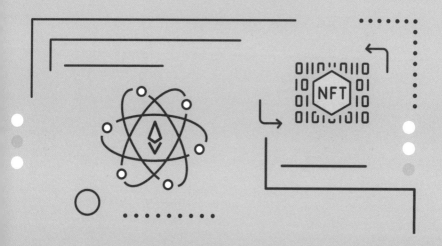

P2E,
즐기는 게임에서
돈 버는 게임으로

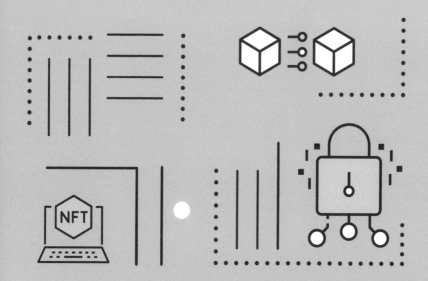

NON
FUNGIBLE
TOKEN

1

게임을 하며 돈을 버는
시대가 왔다

돈 버는 게임 P2E Play to Earn

2021년 하반기부터 Play to Earn(P2E, 돈 버는 게임)이라는 말이 이슈가 되고 있다. 보통 우리가 게임을 하는 이유는 P2F, 그러니까 Play to Fun(즐거움을 위해서 하는 것)이다. 그리고 게임을 재미있게 즐기기 위해 다른 사람에게서 돈을 주고 아이템을 사거나, 캐릭터가 담긴 계정을 구입하는 일들은 이미 익숙한 일이다.

그런데 왜 지금 와서 게임으로 돈을 버는 P2E가 화두가 된 걸까? 여기에는 두 가지 이유가 있다. **하나는 게임으로 돈을 버는 것이 '공식적으로' 가능해지기 때문이며, 두 번째는 지금까지 이야기한 NFT가 연결되어 게임 속 아이템 역시 대체불가한 아이템으로 재탄생할 수 있기 때문이다.**

누구나 쉽게 게임으로 돈을 벌 수 있는 시대가 되면 게임은 재미를 위한 소비에서 하나의 생산수단으로 달라지게 된다. 자신이 지금까지 게임을 하며 획득한 아이템, 게임 속 부동산, 시간을 들여 키운 캐릭터 등이 NFT를 통해 디지털 자산으로 소유를 인정받게 되면 이는 거래의 수단이 될 수 있기 때문이다.

이렇게만 보면 P2E는 장점만 있는 것처럼 보인다. 하지만 아쉽게도 그렇지 않다. **P2E는 단순한 금전거래만이 아니라 확률형 아이템, 사행성, 게임법, 세금 문제, 외환법 등 다양한 고민거리들이 엮여 있어 풀어야 할 과제들이 많이 있다.** 그럼, 왜 이런 것들이 문제가 되는지 꼭 알아야 할 부분들에 대해 정리해 보자.

게임과 NFT의 결합

2021년 8월 '미르4' 글로벌 버전을 내놓은 게임회사 위메이드의 주가가 연초 대비 871%의 상승을 보였다. 주가가 8배나 오른

것이다. 같은 해 11월 11일 엔씨소프트가 3/4분기 실적발표 컨퍼런스 콜에서 NFT를 결합한 게임을 준비 중이라고 하자 당일 주가는 29% 가격제한폭까지 수직상승했다. 이어 게임빌은 암호화폐 거래소 코인원에 지분을 투자했고, 컴투스는 2022년 서머너즈 워 게임에 블록체인 기술을 적용하겠다고 발표했으며, 카카오게임즈 역시 NFT거래소를 준비 중이라는 발표가 이어졌다. 이처럼 게임회사들이 너도나도 NFT의 도입을 발표했고, 시장은 이 소식에 높은 주가 상승으로 보답했다. 이렇다 보니 주주들 입장에서는 실제로 안 해도 좋으니 사업계획에 NFT에 대한 계획을 넣어 달라는 요구가 있을 정도였다.

이처럼 게임회사들의 입장에서 P2E와 NFT는 차세대 먹거리로 많은 관심을 받고 있다.

P2E 게임이 국내에서 금지된 이유

하지만 우리나라에서는 정식으로 P2E 게임을 할 수 없다. 이는 기술이 부족해서가 아니라 게임산업진흥법상 사행성을 이유로 금지되어 있기 때문이다(세32조 1항 7조 게임을 통해 획득한 유·무형의 결과물은 환전할 수 없다).

우리나라는 2004년 등장한 '바다이야기' 사태 이후 게임 속 돈을 직접적으로 현금과 교환하는 것이 금지되었는데, 여기서 잠깐 바다이야기에 대해 알아보자.

바다이야기는 게임기에 돈을 넣고 버튼을 눌러서 화면에 나오는 3줄의 그림이 맞으면 돈을 벌 수 있는 슬롯머신(파칭코) 게임이다. 우리나라에서 슬로머신은 도박으로 규정되어 '강원랜드'에서만 할 수 있다. 그런데 바다이야기가 퍼져 나갈 수 있었던 건 게임을 통해 벌어들인 돈을 현금이 아니라 상품권으로 바꿔주었기 때문이다.

돈으로 돈을 벌 수 있는 게임은 중독성이 강하다. 결국 수많은 사람들이 빚까지 지면서 게임에 빠졌고 목숨을 끊는 일까지 발생했다. 강한 단속과 함께 상품권을 압수했는데, 압수되어 소각된 상품권 금액만 해도 9조원에 이를 정도였다고 하니 얼마나 많은 돈이 오가는 게임이었는지를 짐작할 수 있다. 이후 게임물관리위원회가 만들어졌고, 2007년 1월 사행성 게임은 게임에서 제외하고 등급을 보류하거나 취소하여 운영하지 못하도록 규제되었다.

그런데 규제 이후에도 게임 속 아이템을 직접적으로 현금과 바꾸는 것만 허용되지 않았을 뿐 이미 외부 사이트에서는 아이템을 사고파는 거래가 성행하였고, 게임 속에서는 더 좋은 아이템을 얻기 위한 '확률형 뽑기'가 존재했다. 이미 게임에 몇백만 원을 넘어 몇억 원까지 지불하는 사행성은 계속 진행되고 있으니 차라리 합법화하는 게 낫지 않겠느냐와 사행성이 걷잡을 수 없을 만큼 커질 것이라는 입장이 계속 대립하고 있다.

하지만 전 세계적으로 P2E가 주목받기 시작하며 하나의 트렌드가 되어가고 있는 지금, 10년이 훨씬 넘게 지난 과거의 게임법으로 현재를 규제하는 것이 맞는 걸까? 아니면 개선할 필요가 있는 걸까? 여전히 논의의 핵심은 게임의 '사행성'에 있다. 게임법에 따라 지속적으로 막아야 하는지, 아니면 게임업계의 주장대로 시대의 흐름에 맞게 법령을 보완·폐지해야 하는지에 대해 이제는 결론을 내려야 할 시점이다. 앞에서 말했듯 P2E는 단순히 돈을 버는 걸 넘어 앞으로 메타버스에서 사고팔게 될 수많은 디지털 자산들과도 연결해 생각해야 할 부분이 많기 때문이다.

이제 대표적인 P2E 게임들을 살펴보고, 게임을 통해 어떻게 돈을 벌 수 있는지, P2E와 NFT는 어떻게 연결되는지 하나씩 알아보자.

2

대표적인
P2E 게임들

게임으로 돈을 버는 방법은 어떤 것들이 있을까? 전통적인 방법으로는 게임 아이템을 파는 방법, 게임 속 머니를 파는 방법, 계정을 파는 방법 등이 있다. 여기에 P2E 게임이 등장하며 게임 접속 후 미션만 수행해도 돈을 버는 방법이 생겼다. 최근 유행하고 있는 메타버스 속 가상부동산을 사고파는 게임을 포함해 대표적인 P2E 게임을 알아보자.

가상부동산 게임 (디센트럴랜드, 더샌드박스, 어스2)

가상부동산 게임은 게임 속에서 땅이나 건물 등 부동산을 사고파는 것을 말한다. 여기에는 가상의 게임 속 공간을 사고파는 게임과 현실세계의 부동산에 기반한 공간을 파는 게임으로 나눌 수 있다.

1 ┃ 게임 속 부동산 거래

게임 속 부동산을 거래하기 위해서는 현실의 부동산처럼 '희소성'이 있어야 한다. 디센트럴랜드decentraland.org는 가상세계에서 토지를 구입하여 장사 등 다양한 활동을 할 수 있으며, 다른 사용자에게 토지를 판매할 수도 있다. 디센트럴랜드의 랜드는 총 9만 개로 구성되어 있으며, 이를 구입하기 위해서는 MANA라는 암호화폐가 필요하다. 2021년 11월 25일 캐나다의 메타버스그룹이 디센트럴랜드의 랜드(디지털 상가)를 약 29억원에 구입해 최고가를 경신했다. 이 회사의 모회사인 토큰스닷컴은 디센트럴랜드에 18층 규모의 사무용 가상빌딩을 개발하고 있다.

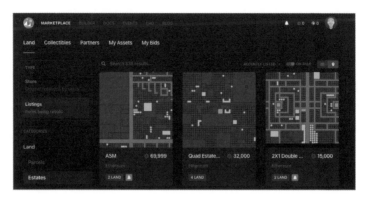

디센트럴랜드의 마켓플레이스

더샌드박스 역시 가상의 메타버스 안에서 땅을 사고파는 게임으로, 블록체인 게임 기반의 마인크래프트나 로블록스라고 생각하면 된다. 더샌드박스는 166,464개의 랜드만을 공개하고 있는데, 투자회사 리퍼블릭 렘은 이중 한 랜드를 430만달러(약 51억원)에 인수했다.

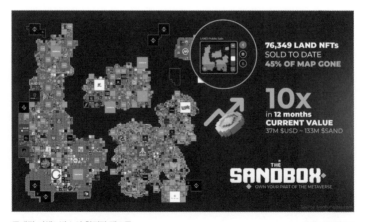

공개된 더샌드박스의 한정판 랜드들

앞으로 수많은 사람들이 디센트럴랜드나 더샌드박스 게임을 즐기게 되면 미리 사놓은 랜드들은 희소성 때문에 더 값이 올라갈 것으로 예상된다. 랜드가 있으면 그 위에 건물을 지을 수 있고, 다른 회사나 개인에게 대여해서 임대료를 받을 수도 있다. 무엇이든 돈이 될 수 있는 가능성이 열려있기에 선점한 것이다.

하지만 리스크도 생각해 봐야 한다. **가장 큰 리스크는 훨씬 더 뛰어난 플랫폼이 등장해 이곳에 더 이상 사람들이 참여하지 않을 때다.** 결국 더 재미있고 더 많은 돈을 벌 수 있는 게임이 나온다면 사람들은 이탈할 수밖에 없다.

2 | 현실세계 기반 부동산 게임

현실세계를 옮긴 부동산 게임의 대표주자는 '어스2Earth.io'이다. 어스2는 구글어스에서 만든 위성지도 위에 가로 세로로 줄을 그어 모자이크를 만든 후 네모 하나하나의 타일에 대한 가격을 정해서 사고파는 게임이다. 현실세계의 부동산에 해당하는 우리나라의 강남이나 홍대와 같은 곳들은 가상의 공간에서도 일찌감치 판매가 끝났을 정도다. 어스2는 초기에는 부동산 거래만 가능했지만, 점차 자신이 보유한 부동산에서 보석을 획득하거나 건물을 지을 수 있도록 업데이트되고 있다.

가상 지구에서 부동산을 거래하는 게임 '어스2'　　　　　　출처 : 어스2(earth.io)

　어스2 외에도 'ZQIWORLD'나 '메타버스2'와 같은 가상부동산 게임들이 출시되었다. 이 게임들 역시 일단 땅을 사고, 향후 건물을 올리거나 임대를 해서 추가적인 수익이 발생되는 것을 목표로 하고 있다.

　하지만 이런 게임들의 리스크는 디센트럴랜드와 마찬가지로 더 재미있고 수익화되는 게임이 등장했을 때다. 현실 속 부동산을 기반으로 하고 있기 때문에 그 땅의 가치는 실제 건물들의 가치를 따라간다. 여기에 새로운 건물을 올리고 거래가 이루어지는 것이 어떤 재미 요소를 더해줄 수 있을지 고민해 봐야 한다. 앞으로도 계속 수많은 가상부동산 게임들이 출시되고 있기에 투자자의 입장이라면 신중히 비교·분석해야 한다. **비슷한 다른 게임이**

나오게 되면 똑같은 땅이 여러 플랫폼에 생기게 되어 강남 땅이라는 희소성이 사라지게 되기 때문이다.

엑시인피니티

게임으로 돈을 버는 P2E 게임이자 NFT 게임으로 가장 많은 관심을 받은 것은 엑시인피니티다. 엑시인피니티와 크립토키티는 이 세상에 단 하나밖에 없는 나만의 캐릭터(엑시)를 가질 수 있다는 점에서 동일하고, 이 엑시들을 통해 다른 엑시들과 싸우거나 미션을 해결할 수 있는 게임 요소가 강하다는 점에서 다르다. 또 엑시인피니티는 게임 캐릭터를 사고파는 것 외에도 게임에서 승리한 보상으로 돈을 벌 수도 있다.

NFT의 부각과 함께 많은 관심을 받은 대표적인 P2E 게임 엑시인피니티(axieinfinity.com)

엑시인피니티는 베트남의 스타트업인 스카이 마비스가 2018년 내놓은 게임이다. **출시된 지 2년이 넘은 게임이 갑자기 주목받기 시작한 건 '게임만 해도 돈을 버는 게임'이라는 사실이 알려지면서부터다.** 2021년 5월 '필리핀에서 유행하는 NFT 게임'이라는 다큐멘터리가 나왔다. 유튜브에 올라온 영상을 보면 필리핀에선 엑시인피니티를 통해 벌어들인 돈이 한 달 평균 월급보다 많아 이 돈으로 생활하는 사람이 많다는 이야기가 나온다.

동남아시아의 주요 수입원은 관광업이다. 하지만 코로나19로 인해 모두가 힘들었고 필리핀 역시 마찬가지였다. 730만 명 이상의 사람들이 실직했고, 청년의 1/3은 직업이 없었다. 그런데 게임만 열심히 하면 돈을 벌 수 있다니, 꿈만 같은 일이다. 처음에는

시작하고 몇주 내에 미화 300달러에서 400달러 정도를 벌어 현금으로 출금할 수 있습니다.

'필리핀에서 유행하는 NFT 게임' 다큐멘터리   출처 : PLAY-TO-EARN 유튜브

반신반의하던 사람들도 실제로 게임을 통해 학비를 벌거나 생필품을 사서 생계를 유지하고 있다. 필리핀에서만 매일 35만 명이 접속하는 건 이 때문이다.

그렇다면 도대체 어떤 게임이며, 어떻게 돈을 벌 수 있는 걸까? 엑시인피니티는 엑시 3마리를 사서 게임 속 던전을 돌면서 몬스터를 물리치거나 다른 플레이어들과 싸워서 이겨야 하는 게임이다. 이 싸움에서 이기면 SLP포션을 받게 되는데, 이 포션을 거래소에서 현금으로 바꿀 수 있다. 이 포션은 게임 속에서 엑시를 교배해 새로운 엑시를 탄생시키는 데에도 쓰일 수 있다. 엑시를 현금화했을 때의 가격은 암호화폐 거래소의 가격을 따르다 보니 암호화폐의 가격이 오르면 그만큼 더 벌 수 있다. 오늘의 10만원이 내일은 20만원이 될 수도 있다는 이야기다.

엑시인피니티의 마켓플레이스에서 엑시를 구입할 수 있다.　　　　　　　출처 : 엑시인피니티

시작하기도 쉽다. 고사양의 컴퓨터가 아닌 누구나 가지고 있는 스마트폰만 있으면 된다. 다만 진입장벽이 있다. 게임을 시작하려면 엑시 3마리를 구입해야 한다. 엑시는 마켓플레이스에서 이더리움으로 구입할 수 있는데, 가장 저렴한 엑시가 97달러(약 10만원) 정도이기 때문에 3마리를 사려면 최소 30만원 정도가 필요하다(한때 이더리움 가격이 올랐을 때에는 100만원 가까이 필요했다).

엑시인피니티에는 '랜드' 개념도 존재한다. 랜드는 총 90,601개만 존재해 희소성을 부여했고, 이 땅을 사면 다양한 아이템을 사용해 업그레이드한 건물을 지을 수도 있다. 랜드에서는 추가적인 재료를 얻거나 코인을 얻을 수도 있다. 가끔씩 랜드 안에 키메라라는 몬스터가 들어오는데 이걸 잡으면 역시 특수한 아이템을 얻을 수 있는 등 다양하게 발전하고 있다. 앞서 이야기한 현실을 기반으로 한 가상부동산에 비해 땅의 활용처가 명확하다는 점에서 각광받고 있다.

이런 인기 속에서 엑시인피니티를 개발한 스카이 마비스의 기업가치는 300억달러를 돌파하며, 블리자드, 닌텐도, 로블록스, EA에 이어 세계 5위 게임회사로 자리잡게 되었다.

미르4

이번에는 좀 더 우리에게 익숙한 게임을 살펴보자. 바로 국내 게임회사 위메이드의 '미르4'다.

미르4는 2020년 11월 국내에서 출시되었던 게임이다. 대성공을 거둔 게임이 아니다 보니 게임이 출시되었다는 것도 모르는 사람들이 많았다. 그런데 1년 만인 2021년 11월에는 '글로벌 동시 접속자 130만 명 돌파'라는 엄청난 성과를 냈다. 2021년 1월 19,200원이었던 주가는 한때 245,700원까지 돌파할 정도였다. 성공한 이유는 하나다. 글로벌 버전에 P2E가 도입되어 '돈을 버는 게임'이 되었기 때문이다(국내 서버에서는 돈을 벌 수 없다).

위메이드 미르4 글로벌 버전은 P2E 게임으로 많은 인기를 얻고 있다.

미르4는 리니지와 같은 MMORPG 게임이다. '리니지'가 중세 시대를 배경으로 했다면 '미르4'는 동양을 배경으로 했다. 유저들은 게임 안에서 '흑철'이라는 광물을 캘 수 있는데, 이 흑철을 10만 개 이상 모으면 1드레이코라는 게임 화폐로 바꿀 수 있다. 이 드레이코는 위메이드의 가상화폐인 위믹스와 바꿀 수 있고, 위믹스는 다시 암호화폐 거래소에서 현금화할 수 있다. 정리해 보면 '10만 흑철 → 1드레이코 → 위믹스 → 현금'의 과정을 거쳐야 한다. 다만 1드레이코가 1위믹스를 의미하지 않는다. 이는 거래소의 가격에 따라 그때그때 달라지기 때문이다.

보통 비트코인을 '채굴'한다는 표현을 쓰는데, 미르4에서는 실제로 자신의 아바타를 게임 속 광산에 보내 채굴해 돈을 벌게 하는 것이다. 미르4에서 열심히 채굴을 하면 한 달에 약 40만원 정도를 벌 수 있다. 40만원은 매일매일 열심히 게임에 투자하는 시간에 비해서는 적은 금액이다. 하지만 이 40만원이라는 금액은 동남아시아나 남미 쪽으로 가면 그 가치가 달라진다. 그쪽 지역

구글 트렌드로 지역별 관심도를 보면 필리핀에서 미르4를 압도적으로 많이 이용하고 있다.

출처 : 구글 트렌드

에서는 꽤 큰돈이기 때문이다. 필리핀에서의 검색량이 압도적으로 많은 건 이 때문이다.

개발사 위메이드는 2022년 말까지 100개 이상의 게임을 위믹스 플랫폼에 들어오게 하는 계획도 가지고 있다. 이 플랫폼 안에 들어오는 게임들이 모두 위믹스를 기본 코인으로 쓰게 하는 것이 목표이다. 그 시작이 바로 애니팡으로 유명한 '선데이토즈'의 인수와 뮤 오리진 게임을 서비스하고 있는 '웹젠'과의 협약 체결이다. 이를 통해 위믹스 플랫폼에 장르 다변화를 가져올 것으로 보인다.

무한돌파 삼국지

국내에서도 게임으로 돈을 버는 게임이 등장했다. 바로 나트리스의 '무한돌파 삼국지'다. 앞서 이야기한 미르4는 돈을 버는 것P2E이 해외 버전에서만 가능하다 보니 국내에서 게임을 하기 위해서는 VPN을 사용해 서버를 우회해야 하지만 무한돌파 삼국지는 우리나라 서버에서도 가능하다.

삼국지를 배경으로 해서 만든 게임이지만, 예전의 '삼국지 2, 3'과 같은 전략형 게임이 아닌 슈팅 게임에 가깝다. 유저들은 관우, 장비, 유비 등 삼국지에 나오는 수많은 무장들 중에서 3명을 선택해 게임을 진행할 수 있다. 무장들은 게임을 하면서 얻을 수도 있고, 상자에서 뽑기를 해서 얻거나 현금을 주고 사야 한다.

미르4에서는 코인을 얻기 위해 광산에 가서 채굴을 해야 하는데, 무한돌파 삼국지는 매일매일 주어지는 '일일 퀘스트'를 통해 코인을 얻는다. '500명 처치' '보급창고 클리어' 등 주어지는 8개의 미션을 깨면 보상으로 '무돌코인(무한돌파 코인)' 50개가 주어진다.

이렇게 획득한 코인은 '클레이 스왑'이란 사이트에서 암호화폐 클레이로 교환할 수 있다. 클레이는 카카오톡 안의 암호화폐 지갑 '클립'으로 받을 수 있다. 다만 클립에서는 바로 현금화할 수 있는 기능이 없기 때문에 다시 빗썸 등 클레이를 취급하는 암호화폐 거래소에 보내서 환전해야만 한다.

무돌코인을 클레이로 바꿔주는 비율은 그때그때 시세에 따라

클레이스왑에서 무돌코인과 클레이를 교환할 수 있다.　　　　　　　출처 : 클레이스왑

달라지는데, 1클레이가 거래소에서 1,200원 정도라고 할 때 50무돌코인은 약 800원 정도가 된다.

무한돌파 삼국지에서 실제로 돈을 버는 일이 가능하다는 게 알려지면서 2021년 11월 28일 기준 3,000명이었던 하루 접속자가 12월 6일 기준 17만 명까지 늘어났을 정도였다. 하지만 이렇게 관심을 끌었던 P2E 버전의 무한돌파 삼국지는 현재 서비스가 중단된 상태이다. 우리나라에서는 P2E 게임이 불가능한 상황이라 게임물관리위원회에서 '등급분류결정 취소' 통보를 내렸고, 개발사 나트리스는 이에 대해 이의신청을 했으나 2021년 1월 기각되었다. 하지만 나트리스는 취소 소송을 계속 진행할 예정이라고 밝히고 있다.

P2E 게임과 NFT

지금까지 P2E를 기반으로 한 대표적인 게임들을 알아봤다. 게임 속 아이템을 현금화하기 위해서는 코인이 필요하다는 것과 우리나라에서는 금지되었지만 서버를 우회하는 방법들을 통해 이미 많은 유저들이 이용하고 있다는 것을 알 수 있다.

그런데 P2E 게임과 NFT는 어떻게 연결되는 걸까? 결론부터 말하자면 모든 P2E 게임이 NFT를 활용하지는 않는다. 무한돌파 삼국지의 무돌코인은 NFT가 아니다. NFT는 코인 지급이 아닌 게임 속 랜드나 아이템 등 재화에 적용된다. 게임에 NFT가 적용되면 게임 속 재화, 즉 캐릭터·아이템, 건물·땅 등의 부동산들이 '희소성'을 가지게 된다. 그리고 하나밖에 없는 희소성 있는 물건이라면 언젠가 가격 상승을 기대할 수 있게 된다. 게임에 NFT를 적용한 대표적인 곳으로 위메이드의 거래소 X드레이코가 있다.

2021년 12월 'X드레이코'라는 이름의 NFT거래소^{xdraco.com}가 오픈했다. 여기에서는 아이템과 캐릭터가 거래되는데, 미르4 게

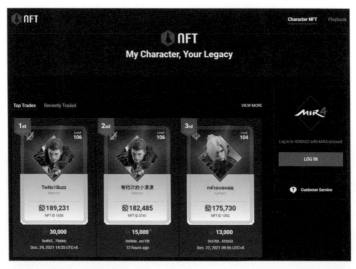

위메이드의 NFT거래소 'X드레이코' 　　　　　　　　　　　　　출처 : X드레이코

임 유저는 자신이 가진 아이템을 X드레이코에 올려 판매할 수 있다. 오픈 후 가장 높은 금액에 거래된 아이템은 전설급 무기 'Harmony Dragon Sword'로 81,976달러(약 9,656만원)에 거래되었다. 이때 아이템들은 NFT로 만들어져 안전하게 거래된다. X드레이코에서는 캐릭터 NFT 서비스도 운영하고 있는데, 자신의 캐릭터를 NFT로 만들어 판매할 수 있는 기능으로, 1억 3,000만원에 거래된 캐릭터도 있다.

X드레이코의 거래수수료는 5%로, 아이템이나 캐릭터가 거래될 때마다 위메이드는 추가수입을 얻을 수 있다. 그리고 플레이어들은 게임에 쏟은 시간과 노력에 대한 보상을 공식 마켓에서 정당하게 받을 수 있는 길이 열린 셈이다. **X드레이코의 등장으로 인해 비슷한 류의 다른 게임들에도 NFT 기능이나 안전한 캐릭터 판매 기능을 요구하는 일이 늘어날 것으로 보인다.**

3

P2E 게임의
장점과 단점

유저의 입장과 게임회사의 입장에서 P2E 게임은 어떤 장점이
있고, P2E 게임이 발전하게 되면 어떤 부작용이 있는지에 대해
알아보자.

유저의 입장에서 장점

유저들의 입장에서 가장 긍정적인 건 당연히 게임을 하며 돈

을 벌 수 있다는 점이다. 게임을 하며 한 달에 300~400달러를 번다는 것은 우리 기준에서 볼 때 그리 큰 금액이 아닐 수도 있지만, 동남아시아 일부 지역의 사람들에게는 꽤 큰 금액이다. 특히 코로나 팬데믹으로 일자리를 잃은 사람들이 게임으로 돈을 벌어 생계를 유지할 수 있다면 일자리 창출의 효과도 있는 것이다.

물론 예전에도 게임으로 돈을 벌 수 있었다. 하지만 **최근 등장한 P2E 게임에는 특별한 두 가지가 있다. 바로 'NFT의 적용'과 이로 인한 '거래의 편의성'이다.**

P2E 게임에서는 게임을 통해 얻은 캐릭터와 아이템에 NFT가 적용되어 다른 사람에게 안전하게 판매할 수 있다. 그동안 시간과 비용을 들여 얻은 산출물의 소유권을 인정받아 이를 현금화할 수 있는 것이다. 캐릭터가 아니라 아이템을 판매할 수 있는 것 역시 긍정적인 부분이다. 그렇다면 NFT가 적용된 캐릭터와 아이템을 판다는 것과 아이템베이와 같은 외부 거래 사이트에서 현금화하는 것에는 어떤 차이가 있는 걸까?

기존의 게임에서는 우리가 획득한 아이템과 돈을 주고 산 아이템의 주인은 우리가 아니라 게임회사였다. 엔씨소프트의 약관(제17조)을 보면 콘텐츠에 대한 저작권과 기타 지식재산권은 회사의 소유로 되어 있다. 또 제12조 회원의 의무에는 '회사가 제공하지 않는 서비스나 비정상적인 방법을 통해 게임 데이터(계정, 캐릭

PLAY nc 약관 및 정책

제12조 (회원의 의무)
① 회원은 회사에서 제공하는 서비스의 이용과 관련하여 다음 각 호에 해당하는 행위를 해서는
안 됩니다.
1. 이용신청 또는 회원 정보 변경 시 타인의 정보를 사용하거나 허위내용 기재
2. 회사가 제공하지 않는 서비스나 비정상적인 방법을 통해 게임 데이터(계정, 캐릭터, 게임
아이템 등)를 유상으로 처분(양도, 매매 등) 또는 증여하거나 권리의 객체(담보제공, 대여 등)
로 하는 행위

제17조 (저작권 등의 귀속)
① 게임서비스 내 회사가 제작한 콘텐츠에 대한 저작권 기타 지식재산권은 회사의
소유이며, 회사는 회원에게 이를 게임서비스와 관련하여 회사가 정한 조건 아래에서 이용할 수
있는 권한만을 부여합니다.

엔씨소프트의 약관 및 정책   출처 : 엔씨소프트

터, 게임 아이템 등)를 유상으로 처분(양도, 매매 등) 또는 증여하거나 권리의 객체(담보 제공, 대여 등)로 하는 행위를 금지한다'고 명시되어 있다. 따라서 아이템베이 등을 통한 거래시 게임회사에서는 언제든지 게임의 계정을 정지시켜도 되는 상황인 것이다(지금까지는 따로 관리하지 않았을 뿐이다).

하지만 캐릭터와 아이템이 NFT화 되면 소유권을 유저들이 가져갈 수 있다. 물론 이에 대한 저작권은 NFT 아트의 경우처럼 게임회사에게 있지만 소유권은 더 이상 게임회사의 것이 아닌 것이다.

NFT화 된 아이템은 희소성과 영구성이라는 특징을 가지게 된다. 예를 들어 한정판 검을 구입했는데 게임회사에서 며칠 뒤 '이번에야말로 진짜 한정판'이라며 똑같은 검을 판매한다면 희소성은 사라지게 된다. 반면 NFT로 만들어진 검은 단 하나의 검이 되

186

기 때문에 이런 문제가 발생할 수 없다. 게다가 게임회사가 문을 닫더라도 해당 아이템의 주인은 이를 소유한 자신이 되기에 이 문제 역시 해결될 수 있다(다만 이때에는 이 아이템을 사용할 수 있는 다른 게임이 있어야 자산가치가 유지된다).

앞에서 본 약관 제12조에는 '회사가 제공하지 않는 서비스나 비정상적인 방법을 통해 처분하는 건 금지'라고 되어 있다. 이는 '회사가 제공하는 서비스와 정상적인 방법을 통해 처분하는 건 가능하다'는 이야기가 된다. 바로 이 지점에 게임회사들이 만드는 NFT 마켓플레이스가 의미가 있는 것이다. 각 게임회사에서 운영하는 거래소(마켓플레이스)에서 거래하게 되면 다른 거래소에서 거래할 때와 다르게 거래의 안전성이 보장되는 것이다. 특히 **게임을 그만두고 싶을 때 자신이 힘들게 키운 캐릭터와 구입한 아이템들을 판매하여 그동안 투자한 금액을 일부 회수할 수 있다는 장점도 있다.**

게임회사의 입장에서 장점

게임회사의 입장에서 봤을 때도 P2E는 긍정적인 점이 많다. 크게 4가지로 정리해 보자.

첫째, 유저들의 유입과 유지다. 게임을 통해 돈을 벌 수 있다는 소문이 퍼지게 되면 회사에서 따로 노력해 홍보를 하지 않아도 알아서 유저들이 모이게 된다. 게다가 지속적으로 돈을 벌 수 있는 게임이라는 인식이 생기면 새로운 스토리와 새로운 게임을 만들지 않아도 유저들이 쉽게 게임을 떠나지 않게 된다.

둘째, 회사의 주가 상승이다. 위메이드가 보여줬듯 게임이 성공하면 주식시장에서 회사의 가치가 오르게 된다. 주주와 투자자들 모두에게 이익이다.

셋째, 게임머니를 통제할 수 있다. 게임 속 화폐는 실제 금액이 아니라 디지털 머니이기 때문에 언제든지 게임회사에서 찍어낼 수 있는 돈이다. 특히 게임머니의 경우 비트코인처럼 처음부터 매장량을 정해 놓지 않기에 게임회사는 원하는 만큼 코인을 찍어내고 이를 현금화할 수 있다(물론 게임마다 다르다). 이 경우 시세 폭락을 가져올 수도 있어 조심스럽겠지만 이론상으로는 충분히 가능한 일이다.

넷째, 위메이드의 플랫폼 전략처럼 NFT로 만든 아이템과 캐릭터가 연동되는 게임을 새로 만들게 되면 캐릭터와 아이템은 무한히 확대재생산되며, 마치 **구글과 애플의 앱스토어처럼 게임 플랫폼의 승자가 될 수 있다.**

P2E 게임의 단점

첫 번째는 게임이 노동으로 전락한다는 점이다. 필리핀의 P2E
다큐멘터리에서 게이머는 "정말 열심히 게임을 해요. Play hard"
라고 말한다. 그런데 이 말에서 느껴지는 건 즐거움이 아니라 노
동이었다. 게임은 즐겁기 위해, 재미를 위해 하는 건데, 수익 창출
의 요소가 들어가는 순간부터 노동이 된다.

게다가 게임으로 돈을 버는 일이 확장되면 더 많은 수익을 내
기 위해 자기 자신이 아닌 다른 사람들을 고용하는 일도 생긴다.
이미 리니지를 시작으로 수많은 게임들이 전성기를 이루던 시절,
저렴한 임금으로 아르바이트를 고용해 게임을 시켜 게임 속 돈과
아이템을 버는 일도 있었다. 요즘에는 오토마우스 기능을 이용해
24시간 내내 여러 대의 컴퓨터를 동시에 돌리기도 한다. 메타버
스에 대한 입문용 필수 영화인 〈레디 플레이어 원〉에서도 '로열티
센터'라는 이름으로 빚을 진 일반인을 감금해 놓고 게임 속에서
일하게 만드는 작업장이 있었다.

돈 버는 것만을 목표로 하는 사람들과 순수하게 게임을 즐기
려는 사람들 사이에서는 다툼이 일어날 수밖에 없다. 세력을 만
들어 사냥터를 통제할 수도 있고, 미르4에서는 흑철을 캐지 못하
도록 방해하는 일도 생기고 있다. 이렇게 되면 게임은 더 이상 순

수하지 않게 되고, 결국 흥미를 잃은 유저들은 떠날 수밖에 없다. 이미 2012년 블리자드에서 만든 디아블로3 경매장 사건에서 같은 일이 발생했었다. 게임으로 돈을 벌 수 있게 되면서 게임 속에서 아이템을 얻는 즐거움은 사라졌고, 돈으로 사고파는 아이템을 구입해 이용하는 유저들이 더 많아지게 되었다. 해킹 역시도 비일비재하게 일어났다. 결국 2014년 블리자드는 디아블로3 경매장을 폐쇄했다.

재미도 얻을 수 있고 돈도 버는 게임이라면 너무나 좋다. 결국 어떤 것을 얻을 것인가는 유저들의 선택이겠지만, 게임회사의 입장에서는 신중하게 고민해야 하는 부분이다.

P2E 게임의 두 번째 단점은 '코인 가격을 통제해야 한다'는 것이다. 이미 대부분의 게임 속 화폐는 현실세계의 화폐와 같은 힘을 지니고 있다. 조금만 잘못 다루어도 현실세계처럼 인플레이션이 일어나거나 디플레이션이 일어날 수 있는 것이다. 게임회사는 이미 지금까지 현금과 아이템의 경계 사이에서 수많은 시행착오를 겪어왔다. 그럼에도 불구하고 오류와 실수는 계속 발생하고 있다.

대표적으로 2021년 초 엔씨소프트의 리니지M 문양 사건이 있었다. 리니지M의 문양을 완성하기 위해서는 4,000~5,000만원 가량의 돈을 투자해야 한다. 문제는 이렇게 많은 돈을 쓰는 유저와 그렇지 않은 유저들의 레벨 차이가 벌어지기 시작하자 엔씨소프트 측에서 업데이트를 통해 더 적은 돈(500만원 정도)으로 문양을 완성할 수 있게 했다. 하지만 이때 이미 70억원 이상의 돈을 쓴 한 유저가 이에 항의하며 무차별적으로 일반 유저들을 PK(학살)하겠다고 선언했다. 이렇게 되면 일반 유저들은 게임 자체를 못하게 되기 때문에 미치는 영향이 클 수밖에 없다.

이에 엔씨소프트는 원래대로 돌아가겠다는 '롤백'을 공지했다. 그런데 롤백이 되면 그 기간 동안 할인된 가격으로 문양을 만들었던 사람들은 문양을 얻지 못한 상태로 돌아가게 된다. 이 또한 많은 유저들의 불만을 초래했고, 엔씨소프트는 결국 모두에게 보상을 약속했다. 하지만 이 역시 제대로 지급되지 않자 화가 난 유저들이 엔씨소프트 본사 주차장 입구를 차로 막는 일까지 벌어졌다. 이후에도 엔씨소프트의 대응은 미흡했다. 이는 게임 속에서 벌어지는 수많은 이슈들을 회사에서 통제하는 게 너무 어려운 일이라는 것을 보여주는 대표적인 사건이었다.

게임 속 화폐 하나만 보더라도 이렇게 복잡한데, 거래소의 코인 가격까지 통제해야 한다면 게임회사의 부담은 더 커질 수밖에 없다. 예를 들어 게임 속에서 이벤트를 통해 화폐를 공급하면 화폐의 가치가 낮아지게 되어 물건을 살 때 더 많은 화폐를 내야 한다. 또 암호화폐 거래소의 코인가격이 급등하면 아무리 게임 속에서 흑철과 같은 아이템을 열심히 모으더라도 현실세계의 돈과 바꾸는 것은 힘들어진다. 게다가 게임회사의 이미지에도 문제가 될 수 있다. 재미있는 게임을 만들어 수익을 올리는 게 아니라, 게임은 재미없는데 아이템 거래와 코인 가격의 통제만을 통해 돈을 버는 회사라는 낙인이 찍히게 되면 장기적으로 회사의 이미지는 실추될 수밖에 없다.

이러한 단점을 종합해 보면 P2E 게임은 정교하게 설계되지 않는다면 신규 유저들은 물론 기존 유저들마저 떠나기 쉽고, 이는 결국 게임회사들의 수익률 하락으로 이어지게 된다. **게임회사는 수익과 재미 두 가지 모두를 잡아야 하는 과제 앞에 놓인 것이다.**

4

P2E 게임의 전망

　지금까지 P2E 게임이 무엇인지와 이에 대한 장점과 단점을 정리해 보았다. 과도한 규제가 글로벌 시장으로의 진출을 막고 게임산업의 발전을 저해하고 있다는 주장과 게임이 사행성을 조장하면 안 되기에 규제를 해야 한다는 법적인 부분, 재미라는 게임의 본질적인 부분 등 생각해야 할 것들이 많다.

　P2E와 관련해 현재 진행 중인 법률적 이슈와 지금까지 나왔던 이슈들을 다시 한번 정리해 보자.

법정으로 간 P2E 게임

2009년 12월 대법원은 리니지의 '아덴'을 환전한 행위가 게임산업진흥법에서 금지하는 행위에 해당하지 않으며, 아덴을 판매한 자는 무죄라고 판결을 내렸다(2009도 7237판결). 한마디로 아덴이라는 리니지 내의 게임머니를 현금으로 환전한 사람에 대해 무죄를 선언한 것과 같다.

게임산업진흥법상 '대통령령이 정하는 게임머니 및 이와 유사한 것'을 환전 또는 환전을 알선하는 행위는 불법이다. 그런데 이 대상은 게임에서 베팅이나 배당의 수단이 되거나 우연한 방법으로 획득한 게임머니에만 해당하는 것이기 때문에 리니지에서 유저들이 아이템을 사거나 거래하는 것에 대해서는 '괜찮다'고 본 것이다.

물론 이 판결이 아이템의 현금 거래에 대해 전면적으로 허용한 것으로 볼 수는 없다. 다만 이를 근거로 현재까지 게임 아이템의 거래는 불법과 합법 사이의 적당한 선에서 유지되고 있다.

한 가지 더 봐야 할 판례가 있다. 스카이피플의 게임 '파이브스타즈 for Klaytn' 관련 건이다. 게임물관리위원회는 사행성을 이유로 이 게임에 대해 등급분류 취소 통보를 했다. 한마디로 게임을 허락하지 않겠다는 건데, 스카이피플은 법원에 소송이 진행되는 동안 게임의 취소 처분을 정지해 달라고 가처분신청을 해 승소했다. 즉, 아직 불법이라는 결정이 나지 않았으니 결정이 날 동안에는 게임을 운영할 수 있게 해달라는 요청이 받아들여진 것이다.

이 소송이 중요한 이유는 스카이피플이 승소할 경우 국내에서도 P2E 게임이 가능해지기 때문이다. 2021년 11월 열릴 예정이었던 공판이 2022년 3월로 연기된 상황이다. 이 사이에 무한돌파 삼국지 이슈가 나왔고, 비슷한 P2E 게임들이 계속 출시되고 있다.

법원 측에서도 혼란스러울 수밖에 없어 보인다. 혁신과 규제의 두 가지 중에서 어떤 결론이 나게 될지 지켜봐야 한다.

P2E 게임 관련 이슈

지금까지 나온 이슈들을 토대로 앞으로 P2E 게임과 관련해 관심있게 지켜봐야 할 부분들을 살펴보자. 단순한 허용과 규제의 문제가 아니라 P2E 게임과 관련한 이슈는 향후 NFT 거래에도 영향을 미칠 수 있을 만큼 복잡한 문제이다.

첫째, 세금의 문제, 더 정확하게는 과세의 문제다. 지금까지의 게임 아이템은 개인의 소유가 아니라 게임회사의 소유이며, 우리는 그걸 빌려쓰는 개념이었다. 자신의 소유가 아닌 아이템을 개인과 개인이 거래한다는 건 아이템을 거래하는 게 아니라 빌려쓰는 제품을 양도하는 형태이다. 하지만 아이템이 NFT화 되면 개인이 소유할 수 있게 된다. 이는 곧 개인의 자산이 되며, 자산에 대해서는 과세의 대상이 될 수 있다. 또 게임 아이템 거래를 통해 수익이 발생했다면 그 차익에 대해서도 과세가 될 수 있다.

둘째, 게임 아이템의 영속성 문제다. 기존 게임의 경우 아이템의 소유자가 게임회사이다 보니 게임회사가 사업을 접게 되면 사용자들은 그동안 게임에 투자한 시간과 돈은 아깝지만 돌려받을 수 없게 된다. 그런데 게임 아이템이 NFT화 되면 내 소유물이 되기 때문에 아이템은 그대로 유지되어야 한다. 이런 이유로 한 게임에서 산 아이템을 다른 게임에서 쓸 수 있는 방안 역시 논의되고 있다. 현재 네이버Z의 제페토에서 만든 아이템을 더샌드박스의 게임에서 사용할 수 있는 방법이 테스트되고 있으며, 위메이드가 추진하는 위믹스 플랫폼을 기반으로 한 게임들에서는 가능해질 것으로 보인다.

셋째, 돈과 관련된 문제다. 이와 관련해서는 세 가지로 나누어 볼 수 있는데, 먼저 위메이드와 같은 게임회사가 실제로 플랫폼 사업에 성공해 여러 게임에서 공동으로 사용가능한 코인을 만들었을 경우다. 이때 A게임에서는 코인으로 바꾸기 위한 광물 채굴에 3시간이 걸렸는데 B게임에서는 1시간 만에 가능할 수 있다.

이처럼 게임 간 난이도 밸런스를 조절하는 일은 상당히 어려울 것으로 예상된다. 또 하나는 코인을 통한 현금화의 문제다. 정부에서 경제를 살리기 위해 돈을 찍어내듯 게임회사들이 마음먹은 대로 코인의 공급량을 조절할 수 있다면 코인 가격의 조절은 물론 게임 내 화폐의 가치에도 영향을 미치게 된다. 만약 게임회사가 돈이 필요할 때 코인을 더 발행하거나 게임 속 화폐를 더 발행하는 일이 벌어진다면 이에 대한 문제는 아주 심각해질 것이다. 마지막으로 해외결제와 환전에 따른 문제가 생길 수 있다. 글로벌 게임에서 벌게 된 게임머니를 암호화폐로 바꾸어 현금화할 경우에는 외환거래법 위반의 문제가 발생할 수 있다.

이렇게 고민해야 할 부분이 많기 때문에 P2E 게임의 전망에 대해서는 하루아침에 결론을 내릴 수 없는 상황이다.

글로벌 게임회사인 스팀과 에픽게임즈가 다른 입장을 취하는 것도 각자의 고민에 따른 결과로 보인다. 스팀을 운영하는 밸브 코퍼레이션은 블록체인을 기반으로 가상자산이나 NFT를 발행·교환하는 게임은 스팀에 등록할 수 없고 배포할 수 없게 했다. 스팀도 초기에는 비트코인을 이용한 게임 구매를 지원했으나 8개월 만인 2017년 12월 너무 높은 수수료와 불안정한 가격을 이유로 금지했다. 반면 포트나이트를 서비스하는 에픽게임즈는 '관련

법규 준수, 약관 공개, 적절한 연령 등급'의 블록체인 기반 게임을 환영한다는 입장을 취하고 있다.

이를 종합해 보면 게임물관리위원회에서도 PE2 게임은 혁신이라는 업계의 요구를 알면서도 선뜻 답을 내리지 못하는 이유를 알 수 있다. 하지만 업계 전반에서 논의와 고민을 빠르게 시작해야 한다. 그리고 이 논의에는 게임업계뿐 아니라 정부 관계자들과 실제로 게임을 즐기는 유저들의 의견까지도 포함되어야 한다. 더 이상 고민하고 있을 시간이 없다. **P2E가 전 세계적으로 성장하는 지금, 유저들이 보호받을 수 있는 최소한의 보호장치와 기업들의 책임에 대해 빠르게 결정해야 할 시점이다.**

Part 6

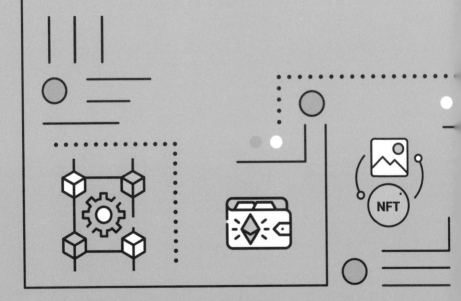

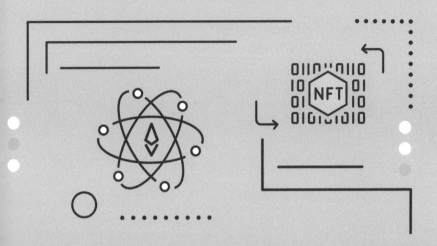

NFT,
그들만의 리그에서
우리들의 일상으로

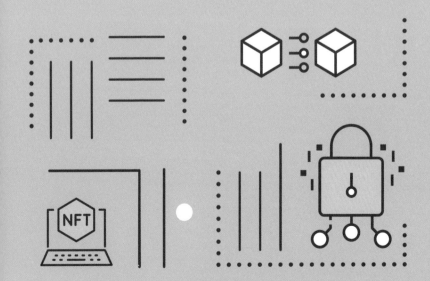

NON
FUNGIBLE
TOKEN

1

NFT,
일상으로 들어오다

지금까지 NFT의 종류, 거래소, 활용되는 분야들을 살펴봤다. 아마 머리가 복잡해졌을 것이다. 뭔가 큰 변화가 일어나고 있는 것 같은데, 아무래도 우리의 삶과는 동떨어져 있다는 생각이 든다. 당연한 일이다. 아직 우리가 직접 경험해 보지 못했기 때문이다.

그럼, 우리가 왜 NFT 투자에 적극적으로 뛰어들지 못하는지 그 이유를 알아보고, 앞으로 우리 주변의 일상에서 어떻게 활용될 수 있는지 살펴보자.

NFT 투자가 망설여지는 이유

NFT 아트는 크게는 몇백억 원에서 적게는 몇십만 원의 금액이 오가는 곳이다 보니 쉽게 접근하기가 어렵다. 작가들의 입장에서는 주변 작가들의 NFT 진출 소식을 들으며 '과연 이게 돈이 될까?'라며 고민에 빠져 있을 것이다. 일반인들의 경우에는 '나도 한 번 투자해 볼까?'라며 저렴한 작품 한두 개는 구입해 보았을 수도 있다. 하지만 거기까지일 뿐 언론에 나오는 것처럼 몇십, 몇백 배 오르는 기적은 일어나지 않는다. 이처럼 일반인들이나 작가들 모두 NFT 아트에 적극적으로 뛰어들기에는 아직 익숙하지 않은 것이 현실이다.

그나마 저렴한 금액으로 투자해 볼 수 있는 곳은 NFT 수집품

두산디지털이노베이션(DDI)은 두버스(Dooverse) 내에 NFT 마켓플레이스를 공식 오픈했다.　　　출처 : 두버스

분야이다. NBA탑샷이나 두버스에서 내가 좋아하는 스포츠 선수들의 NFT 카드를 수집하는 일은 그나마 의미가 있어 보인다. 금액도 비싸지 않고, 무엇보다 우리에게 익숙한 분야이기 때문이다. 하지만 여기에서도 내가 좋아하는 선수의 카드를 수집한다는 의미보다 좋은 카드를 골라 비싸게 팔고 싶다는 심리가 더 많이 작용할 게 분명하다.

크립토펑크와 같은 수집품들은 그 작품을 소유했다는 만족감과 휘귀품을 소유한 커뮤니티의 구성원이 되었다는 우월감을 줄수 있다는 건 알겠지만, 그렇다고 해서 NFT 아트처럼 뭔가 감동을 주거나 의미있는 미술품이 아닌 8비트 픽셀 덩어리에 수백만 원을 투자한다는 건 망설여질 수밖에 없다.

밈은 더하다. 소위 '짤'이라는 그림들을 구입하는 건 어찌보면 허영스러운 과시욕으로밖에 보이지 않는다. 가상부동산과 아이템들 역시 한순간에 사라질 신기루같다.

이처럼 NFT 투자에 대한 반응들은 '잘 이해가 되지는 않지만 뭔가 돈이 될 거는 같은데, 여전히 애매하다'이다. 그래서 투자가 망설여지는 것이다.

또 다른 이유는 NFT를 몰라도 우리의 일상에 큰 지장이 없기 때문이다. NFT를 모른다고 해서 예술품 시장이 사라지지 않고, 수집품이 사라지지 않으며, 밈 역시 없어지지 않는다. 이렇다 보니 '뭔가 대단한 것'하지만 언젠가는 터질 거품'으로 보는 시각이 더 많다. 아무런 가치가 없던 튤립에 대해 과한 투기가 이루어졌던 17세기 네덜란드처럼, 닷컴이란 말만 붙으면 어떤 회사의 주식이든 상승했던 1990년대 후반 닷컴 버블 때처럼 이번에도 거품이 아닌가 하는 생각이 드는 것이다.

그렇다면 NFT는 거품인가? 지난 2021년을 돌이켜 볼 때 NFT 이슈들에 일부 거품이 있었던 것은 사실이다. 아무리 희소성과 유일성을 가지고 있다고 해도 거래되는 금액이 그렇게까지 높아야 할 이유는 없다.

'그들만의 리그'에서 '일상 속 활용'으로

그럼, 앞으로 NFT와 관련된 사업들은 어떻게 될까? NFT는 분명 우리의 일상을 바꿀 수 있을 만큼 큰 변화이다. 앞에서 이야기한 NFT 아트, 수집품 등의 이슈들은 엄청난 금액으로 인해 일반 사람들의 현실에서 받아들이기 어려웠다. 하지만 '디지털로 만들어진 모든 것들에 대한 위조·변조가 없는 원본증명'이 가능하다는 인식의 변화를 가져온 건 분명 큰 성과이다. NFT를 통해 앞으로 새로운 기회와 활용의 문이 열린다는 것은 대부분의 사람들이 인정하고 있다.

아트와 수집품 등의 NFT가 코인 투자자나 자산가들만의 영역이었다면, 앞으로의 NFT는 누구나 쉽게 활용가능한 일상으로 들어올 것이다. **우선 당장 일상에서 활용할 수 있는 것은 명품 브랜드의 인증, 스타들의 팬덤, 증명서·위임장 등 각종 서류의 증명 분야이다. 얼마 지나지 않아 우리는 자기소개서, 이력서 작성부터 중고거래 물건에 이르기까지 누구나 쉽게 NFT를 발행하여 활용하는 시대가 올 것이다.** 그럼, 이에 대해 하나씩 알아보자.

2

명품 브랜드 시장

에르메스, 구찌, 버버리 등의 '명품 브랜드' 하면 어떤 생각이 드는가? 뭔가 고상하고 기품 있으며, 쉽게 살 수 없는 물건이라는 생각이 드는가? 명품 브랜드들은 당연히 이 생각을 유지하고 싶어하지만, 사람들의 생각은 바뀌고 있다. 부모님 세대의 명품이 지금의 우리들에게 명품일 리 없고, 앞으로의 아이들에게도 명품이 되리라는 보장은 어디에도 없기 때문이다.

1856년부터 명품 브랜드의 전통을 지키고 있는 대표 브랜드 버버리는 한때 매출 부진으로 백화점에서 철수 당해야 했던 시절

이 있었다. 대중들에게 '올드하다' '멋지지 않다'는 생각이 굳어지는 순간 명품 브랜드는 가치를 잃기 때문이다. 이에 2006년 CEO가 된 안젤라 아렌츠는 밀레니얼 세대를 위한 '디지털 트랜스포메이션'을 추진했다. 웹사이트의 개편, 원하는 트렌치코트를 디자인해서 주문하는 비스포크 서비스, SNS의 적극적인 활용 등으로 버버리는 2006년 1조 900억원에서 2015년 3조 7,000억원으로 330% 매출을 상승시키며 턴어라운드에 성공했다. **이때 학습된 디지털 전략의 적극적 활용은 버버리 만이 아니라 모든 명품 브랜드가 따라야 하는 생존전략이 되었다.**

명품 브랜드가 메타버스와 NFT에 뛰어든 이유

2021년 초부터 메타버스 트렌드가 전 세계를 휩쓸자 명품 브랜드들은 더 이상 망설이지 않았다. 일단 뛰어들어서 적극적으로 학습하고 경험하며 시장을 이끌어가기 시작했다. 가만히 있어도 팔리는 명품 브랜드들이 왜 메타버스와 NFT에 적극적으로 뛰어들었을까? 그 이유를 네 가지로 정리해 보자.

첫 번째 이유는 그곳에 고객이 있기 때문이다. 제품을 판매하는 입장에서는 너무나 당연한 일이다. 고객들이 있다면 제품도

구찌는 제페토월드에 입점해 구찌빌라를 만들었다.　　　　　　　　　출처 : 제페토

있어야 한다. 버버리의 사례를 이야기했듯 지금의 MZ세대, 그리
고 알파세대(2011년 이후 세대)에 이르기까지 그들이 살아가는 공간
이 메타버스라면 명품 브랜드들은 그들을 미리 만나서 브랜드를
친숙하게 만들 필요가 있다.

　**두 번째 이유는 메타버스를 명품의 새로운 소비시장으로 만들
수 있기 때문이다.** 메타(페이스북)의 마크 저커버그가 이야기했듯
메타버스에서 '아바타'는 매우 중요한 요소이다. 사람들이 게임을
처음 시작할 때 가장 많은 시간을 투자하는 건 자신의 아바타를
최대한 자신과 가깝게 만드는 것과 아바타를 꾸미는 것이다. 코
로나와 같은 팬데믹으로 인해 현실세계의 내가 밖에서는 자유롭
게 사람들을 만나지 못하지만 나의 아바타는 메타버스 세상 속에

서 언제든 다른 사람들을 만나고 있다. 나를 대신하는 존재를 멋지게 꾸미고 싶은 건 어쩌면 당연한 심리이다.

아바타에 돈을 쓰는 것을 Direct To Avatar^{D2A}라고 하는데, 이 시장은 2017년 300억달러(약 33조원)에서 2022년에는 500억달러(약 56조원)에 이를 것으로 포브스는 전망하고 있다.

이렇게 지속적으로 커지는 시장을 명품 브랜드가 놓칠 리 없다. 물론 아직은 메타버스 초기단계라 많은 수익을 올릴 수는 없지만 점점 많은 사람들이 자신의 아바타를 꾸미게 된다면 다른 사람과 차별화된 희소성을 가진 명품에 대한 관심은 더욱 커질 수밖에 없다. 현실세계에서 명품을 구입하는 이유는 비싸지만 내가 이것을 소유하고 있다는 우월한 기분을 주기 때문이다. 이는 메타버스 안에서도 마찬가지다. 그래서 명품 브랜드들은 메타버스에서도 과하지 않게, 하지만 슬쩍 아바타로 차별화를 두는 분위기를 만들어 가고 있다.

세 번째 이유는 오프라인과의 연계다. 명품 브랜드는 메타버스와 현실세계에서 같은 물건을 판매할 수 있다. 로블록스에서 판매한 구찌의 '마틀라세 숄더백'은 현실세계에도 있는 제품이다. 모바일 게임 '테니스 클래시'의 캐릭터 의상과 신발은 디지털에서 먼저 나온 후 실제 상품으로 만들어져 판매되었다.

구찌는 모바일 게임 '테니스 클래시'와 콜라보를 통해 의상을 소개하고 있다.   출처 : 와일드라이프

네 번째 이유는 NFT로 가품의 문제를 해결할 수 있기 때문이다. 명품 제품에 NFT가 적용되면 구매자는 실시간으로 제품에 대한 정보를 파악할 수 있고, 완벽한 명품보증서를 가지게 된다. 앞으로는 위·변조나 분실의 위험이 있는 종이로 된 보증서가 필요없어지는 것이다. 그리고 현실세계에서 가품이 유행하듯, 메타버스 세계에서도 더 빠르게 가품들이 나올 수 있다. 이때 메타버스 안에 미리 명품 브랜드들이 입점해 있고, NFT로 보증해 둔다면 명품 브랜드들은 현실과 메타버스 두 곳에서의 문제점을 모두 해결할 수 있을 것이다.

이제 각각의 명품 브랜드들이 메타버스에서 어떤 일을 하고 있는지, NFT를 통해 오프라인 인증서 부분을 어떻게 해결하고 있는지 사례를 통해 하나씩 알아보자.

메타버스와 NFT에 뛰어든 명품 브랜드

제일 빠르게 움직이는 곳은 구찌다. 2021년 6월 말 로블록스에서 디오니서스 백이 35만로벅스(4,115달러, 약 465만원)에 거래되었다(11월 기준 25만로벅스 정도다). 이 가방은 현실세계에는 없는 로블록스에만 존재하는 가방으로, 로블록스에 입점한 '구찌가든'에서 475로벅스(약 5달러)에 판매되었던 물건이다. 2021년 11월 말에는 〈패션 어워드 2021〉을 로블록스에서 진행하기도 했다.

구찌는 로블록스에 구찌가든을 개설해 구찌 가방을 판매하고 있다.　　　　　　출처 : 로블록스

구찌는 제페토와도 협업을 하고 있다. 제페토에는 Gucci Villa 월드가 있고, 아바타가 입을 수 있는 의상도 판매하고 있다.

그렇다면 구찌의 메타버스에 대한 관심은 2021년부터 갑자기 생긴 걸까? 아니다. 구찌는 이미 2019년, 매장에 가보지 않고도 구찌 신발을 신어볼 수 있는 AR 피팅 앱을 론칭했다. 신발을 신고 사진을 찍을 수 있고, 원한다면 구찌 온라인 사이트에서 구입도 가능하다. 이처럼 구찌는 일찌감치 메타버스와 NFT 시장을 잘 읽고 준비해 왔음을 알 수 있다.

　루이비통은 2021년 8월 4일 창립자 탄생 200주년을 맞아 'LOUIS THE GAME'이란 앱을 출시했다. 루이비통의 한정판 키링이었던 '비비엔'을 주인공으로 한 게임으로, 7개 지역을 모험하며 미션을 해결하면 NFT를 얻을 수 있었다. 루이비통 역시 '리그 오브 레전드'와 콜라보를 통해 컬렉션 룩을 공개했던 적이 있었을 만큼 메타버스에 대한 대응이 빨랐다.

구찌AR(왼쪽)과 루이비통의 LOUIS THE GAME 앱 설치 화면(오른쪽)

　버버리는 2021년 8월, 블록체인 기반의 오픈 월드에서 게임을 하는 '블랭코스'에서 사용할 수 있는 게임 캐릭터 '샤크B'를 공개했다. 총 750개의 샤크B NFT는 30초 만에 완판되었고, 300달러에 판매된 이 NFT는 1,149달러에 재판매되기도 했다. 이외에도 샤크B가 입고 있는 제트팩과 암밴드, 신발 등 다양한 NFT 액세서

리를 블랭코스의 마켓플레이스에서 판매하고 있는데, 제트팩은 시초가보다 훨씬 높은 145달러(약 17만 원)에 판매되고 있다.

블랭코스와 협업해 만든 버버리의 캐릭터 '샤크 B'   출처 : 블랭코스

　지방시GIVENCHY는 아예 NFT 작품 판매에 뛰어들었다. 아티스트 치토Chito와의 협업으로 2021년 11월 23일 오픈씨를 통해 경매를 시작했고, 수익금은 플라스틱 오염을 위한 기술을 개발하는 비영리단체에 후원하기도 했다.

　이처럼 명품 브랜드들은 일찌감치 메타버스와 관련된 서비스들에 뛰어들어 이미 독보적인 자리를 유지하고 있다. 그런데 만약 명품 브랜드들이 직접 메타버스에 뛰어들지 않는다면 어떻게 될까? 우리는 그 위험성을 '메타버킨스' 사건에서 찾아볼 수 있다.

　에르메스의 대표 브랜드인 '버킨백'을 NFT로 만든 '메타버킨스'

가 오픈씨에서 판매되었다. 200이더리움까지 가격이 올라 거의 1억원이 넘는 금액에 판매되기도 했는데, 문제는 이에 대해 에르메스 측에서 승인한 적이 없다는데 있다. 에르메스는 상표권을 침해당했다고 주장하고 있으나 아직 문제는 해결되지 않은 상태다.

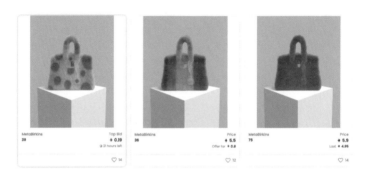

에르메스에게 승인을 받지 않고 판매된 메타버킨스 NFT

출처 : 오픈씨

이제 명품 브랜드들을 포함해 자체 브랜드가 있는 기업들은 메타버스에 직접 뛰어들어 브랜드 가치를 지키거나 저작권 침해 대응책을 준비해 놓을 필요가 있다. 직접 뛰어들어 브랜드가 승인한 NFT만 거래할 수 있게 한다면 가품에 의한 피해도 줄일 수 있게 된다.

NFT를 통한 오프라인 인증

명품 브랜드가 NFT 시장에 관심을 가지는 이유는 오프라인 제품과의 연결점 때문이다. 그중 하나는 가품에 대한 대응이다. 명품시장이 성장할수록 가품시장 역시 점점 더 정교해지고 있다. 심지어 면세점 영수증까지도 가짜로 만들어 보내줄 정도다. 결국 브랜드 매장에서 제품을 사는 것이 가장 안전한 방법이지만, 명품은 리셀시장에서 중고거래도 활발한 편이다. 리셀시장에서 명품을 살 때 가장 고민이 되는 것은 진품과 가품의 구분인데, 이에 대한 대응책으로 자리잡을 수 있는 게 바로 NFT다.

2021년 4월 루이비통, 디오르, 지방시 등의 브랜드를 가지고 있는 LVMH와 까르띠에, 프라다, 메종 마리지엘라와 마르니를 보유한 OTB는 'AURA 블록체인 컨소시엄'을 만들었다. 컨소시엄의 목표는 럭셔리 브랜드들을 하나의 블록체인으로 묶어서 각 명품들이 만들어진 원산지, 이력 등을 기록한 정보를 공유하자는데 있다. 아직 명확하게 어떻게 활용할지에 대한 구체적인 내용은 발표되지 않았으나, 단순한 신원보증 외에 현재 누구의 소유인지까지 등록되는 방향으로 성장한다면 명품 브랜드의 NFT는 리셀시장에서도 제품을 보증하는 확실한 인증수단으로 자리잡을 수 있다.

글로벌 스포츠웨어 브랜드 나이키는 이미 제페토에서 상품을 판매하고 있고, 로블록스에는 나이키랜드를 론칭하는 등 메타버스 세상에서 활발하게 활동 중이다. NFT와 관련해서도 단연 앞서 가고 있는데, 2019년에는 크립토킥스Cryptokicks라는 이름의 블록체인 운동화를 특허받았다. 크립토킥스를 구입하면 실제 신을 수 있는 운동화와 NFT를 받게 되고, 만약 운동화를 다른 사람에게 판매한다면 운동화에 대한 NFT 소유권도 넘어가는 형태다. 이어 2021년 10월에는 크립토킥스를 다양하게 활용할 수 있도록 '다운로드가 가능한 가상상품Downloadable virtual goods'에 대한 특허를 신청했다.

나이키는 또 2021년 5월 가상패션 전문 스튜디오 'RTFKT'와 함께 '메타 피존 K-마이너스' '메타 피존 MK' 등 NFT로 만든 운동화를 론칭했다(2021년 말 나이키는 RTFKT를 인수했다). 이 신발들은 현실 세계에는 존재하지 않는 신발이다. 하지만 실제로 신은 것처럼 인스타그램과 페이스북에 공유할 수 있게 한다면, 그리고 이 제

나이키의 RTFKT 인수 소식은 SNS를 통해 빠르게 전해졌다.   출처 : RTFKT 인스타그램

품들을 실제로 만든다면 나이키는 메타버스와 현실세계 모두에서 굳건한 자리를 유지할 수 있을 것이다.

국내 명품시장에도 NFT 인증이 적용되기 시작했다. 가장 빠르게 움직인 곳은 SSG다. SSG는 2021년 9월부터 'SSG 개런티'라는 이름으로 제품 시리얼 넘버, 정보, 보증기간 등을 담은 NFT를 온라인샵 구입고객들에게 전해주고 있다. 이때 NFT 보증서는 카카오 클립을 통해 전해지는데, SSG 개런티가 클레이튼 블록체인을 사용하기 때문이다. 아직까지는 SSG만 서비스를 하고 있지만

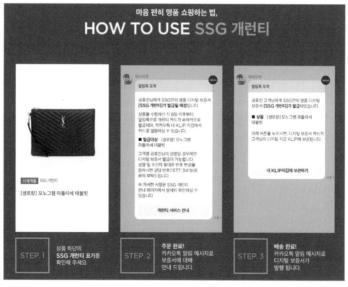

신세계의 'SSG 개런티' 서비스 안내   출처 : SSG닷컴

NFT 시장이 성장할수록 다른 브랜드들도 비슷한 서비스를 내놓을 것으로 보인다.

이처럼 명품과 관련된 브랜드들은 메타버스의 세상에서 젊은 세대들과 소통하며 그 안에서도 명품의 가치를 넓히려 노력하고 있다. 또한 NFT를 통해 온라인과 오프라인의 인증수단을 확보하기 위한 기술을 고도화하는 중이다. **명품이 아니더라도 자체적인 브랜드를 가지고 있는 회사라면 메타버스에서 활동하는 명품 브랜드의 움직임을 배워야 한다.** 그리고 앞으로 자사 제품에 NFT를 도입한다면 어떤 플랫폼과 손을 잡을지, 어떤 식으로 운영하면 좋을지도 명품 브랜드를 벤치마킹하여 미리 준비해야 한다.

팬덤 시장

NFT 수집품의 가장 큰 장점은 희소성이다. 그리고 가장 큰 약점은 투자가치가 있는 물건인지 정확히 모른다는 점이다. 이 경우 내가 잘 알고 있는 물건이라면 약점이 사라지지 않을까? 내가 가장 잘 알고, 가장 좋아하는 스타들의 단 하나밖에 없는 아이템을 NFT로 소장할 수 있다면, 게다가 나중에 수익도 얻을 수 있다면 충분히 수집할 가치가 있다. 또 소장한 NFT는 팬클럽이라는 커뮤니티에 소속되어 있음을 증명하는 수단이 될 수도 있다.

팬덤 시장이 메타버스와 NFT에서 주목받는 건 이런 가능성 때문이다. NFT가 우리의 일상에서 단기간에 성장할 것으로 보이는 분야 역시 엔터테인먼트 분야일 것이다.

다양한 셀럽들의 NFT 시장 진출

해외에서는 스눕독, 린제이 로한, 패리스 힐튼 등 유명한 셀럽들이 NFT에 관심을 가지고 참여하고 있다. 패리스 힐튼이 디지털 아티스트 블레이크 캐서린과 협업해 만든 'Iconic Crypto Queen'은 니프티게이트웨이에서 1,111,211달러에 낙찰되었다. 위켄드 The Weeknd는 신곡을 NFT로 공개해 100만달러(약 11억원)의 매출을 올렸고, 힙합가수 에미넴은 니프티게이트웨이를 통해 'Shady Con' 컬렉션을 발행해 180만달러(약 20억원) 가량의 수익을 냈다.

패리스힐튼의 'Iconic Crypto Queen' NFT

매드몬스터(왼쪽)와 브레이브걸스의 NFT 출시 관련 홍보　　　　　　　　　출처 : 업비트 NFT

　국내에서도 다양한 시도들이 이어졌다. 브레이브걸스, 매드
몬스터, 이날치 밴드, 도끼, 세븐 등 다양한 스타들이 자신의 컬렉
션을 NFT로 발행했다. 2022년 1월에는 가수 나얼이 클립드롭스
를 통해 1집 발매 10주년 기념 NFT를 출시했다. 이러한 시도에서
우리는 낙찰된 금액보다 신곡, 컬렉션 등 다양한 방법으로 스타
들의 NFT가 실제 판매되고 있다는 것에 주목해야 한다.

국내 엔터테인먼트사의 활동

　엔터테인먼트 회사 중에서 가장 빠르게 많은 성과를 만들어
내고 있는 곳은 엔씨소프트의 NC유니버스다. 글로벌 팬덤 플랫
폼이라는 이름답게 유니버스는 스타와 팬들이 만나는 공간이다.

여기에서는 스타(유니버스에서는 '아티스트'라고 표현한다)가 직접 작성한 메시지를 팬들에게 보내주거나, 팬덤 활동을 기록하고 보상받는 컬렉션, 온라인 라이브 콘서트 등이 제공된다. 2021년 하반기에는 SF9, 몬스터엑스, 에이티즈 등 다양한 스타들의 한정판 굿즈를 NFT로 출시했다.

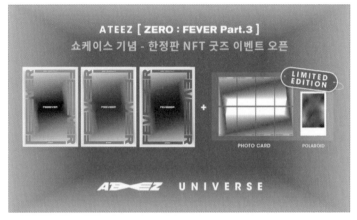

엔씨소프트는 유니버스에서 에이티즈 등 유명 스타들의 한정판 NFT 굿즈를 선보이고 있다.

출처 : 엔씨소프트

SM은 일찌감치 메타버스 걸그룹 '에스파'를 론칭했다. 에스파는 가수활동뿐만 아니라 KB금융그룹의 광고모델로도 발탁되는 등 활발한 움직임을 이어가고 있다. SM은 특히 NFT에 많은 관심을 가지고 투자를 하고 있는데, 이수만 총괄 프로듀서는 '브레이크 포인트 2021' 컨퍼런스에서 NFT와 관련해 의미있는 메시지를 던졌다.

"SM의 콘텐츠가 프로슈머에 의해 재창조되도록 방향을 제시할 것이며, 이렇게 재창조되는 콘텐츠의 방향은 NFT를 통해 제시하겠다"는 것이다. 이 말은 SM에서 만드는 NFT는 팬들이 직접 참여해서 만드는 상품으로 기획하겠다는 뜻으로 보인다. 보통 엔터테인먼트 회사에서 만드는 NFT라면 대부분 굿즈를 생각하게 되는데, 팬들이 함께 참여한다면 스타들을 재창조한 미술품, 밈과 같은 짧은 영상 또는 팬들이 직접 만드는 굿즈 등 다양한 가능성이 열리게 된다.

SM은 팬들과 소통할 수 있는 '디어유'라는 플랫폼을 가지고 있다. 디어유에서 서비스하는 '버블'은 팬이 스타에게서 개인화된 메시지를 받을 수 있는데, 스타는 팬들에게 한꺼번에 메시지를 보내지만 팬들은 1:1로 채팅을 하는 것 같은 느낌을 받게 해준다. 월 구독료는 아티스트 1명당 4,500원인데, 구독 유지율이 90%가 넘고 유료 구독자는 120만 명에 달한다. 지금 당장이라도 디어유 플랫폼을 통해 NFT를 적용한다면 SM 입장에서는 120만 명에게 아무런 마케팅 비용 없이도 NFT 사업을 진행할 수 있게 된다.

JYP와 하이브, YG엔터테인먼트는 모두 두나무와 손을 잡고 NFT 시장에 뛰어들었다. 두나무는 암호화폐 거래소 업비트를 운영하는 곳으로, 2021년 11월에는 NFT거래소 '업비트 NFT'를 출시했다. JYP는 K팝을 중심으로 하는 디지털 굿즈의 제작과 거래

SM의 1:1 채팅 서비스 '버블'   출처 : 디어유

등의 서비스를 함께 개발하고 운영하는 전략적 업무 제휴를 체결한 상태다. 하이브는 2022년 두나무와 NFT거래소를 합작법인으로 설립하기로 했다. YG엔터테인먼트는 자회사 YG플러스를 통해 하이브와 두나무의 NFT거래소에서 NFT를 론칭할 계획을 가지고 있다.

이렇게 보면 **국내 유명한 4대 엔터테인먼트 회사들 중 SM만 유일하게 독자적으로 움직이며, 나머지 하이브, YG, JYP는 모두 두나무를 파트너로 택했다고 볼 수 있다.**

팬덤 시장에서 고민해야 할 부분

엔터테인먼트 회사들은 저마다 NFT를 도입하겠다고 선언했지만 고민되는 점은 동일하다. 바로 팬들의 대응이다. '팬덤'은 결국 팬이 있어야만 유지되기 때문이다. 하이브가 두나무와 함께 사업설명회를 열고 난 후 SNS에는 #하이브불매 #보이콧하이브NFT 등의 해시태그를 단 글들이 꽤 많이 올라왔다. 이에 방시혁 하이브 의장은 포토카드를 NFT로 만들어 수집·교환·전시를 하게 되면 오프라인 카드보다 안전한 방법으로 소장할 수 있다며 NFT가 팬 서비스의 새로운 확장임을 강조했다.

물론 팬들이 이에 대해 모르지는 않을 것이다. 하지만 지금처럼 몇백억 원까지 가격이 오르는 과열된 NFT 시장에 BTS의 NFT가 나오게 된다면 그 역시도 엄청난 가격에 낙찰될 건 너무나 당연한 일이다. 이렇게 되면 이에 따른 팬들의 등급이 나뉘게 된다. 그럴리야 없겠지만 많은 사람들에게 희망을 주었던, 유튜브 영상만 틀면 무료로 들을 수 있던 노래들이 한정판 NFT로 발매된다면 소수만 독점할 수 있는 노래가 되기에 이 점들을 팬들이 우려하는 것으로 보인다.

아프리카TV에서 팬덤 NFT의 미래를 보다

2021년 말 아프리카TV에서 NFT거래소를 오픈했다. 이름은 'AFT마켓'이다. 전문적인 엔터테인먼트 회사들이 보유한 스타들에는 미치지 못하겠지만, 아프리카TV 역시 BJ들과 팬들이 팬덤으로 끈끈하게 이어진 대표적인 공간 중 하나다. AFT마켓은 다른 NFT거래소와 다른 3가지 특징을 가지고 있다.

아프리카TV의 NFT거래소인 'AFT마켓'   출처 : AFT마켓

첫째, 철저히 폐쇄적인 공간이다. 사고파는 것은 누구나 할 수 있지만, 마켓에 등록되는 NFT들은 BJ의 팬이 아니라면 사기 어려운 콘텐츠들이다. BJ의 아바타나 BJ들의 첫방송 등의 NFT가 거래되는 곳이기 때문이다.

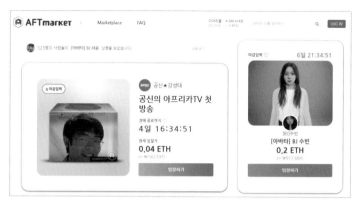

AFT마켓에서 판매되는 VOD와 아바타 NFT

출처 : AFT마켓

 둘째, 아바타와 VOD 두 개의 NFT만 거래된다. 앞으로는 확장
될 수도 있겠지만, 아프리카TV는 자신들의 시작이 TV(실시간 방송)
라는 걸 잊지 않고 있다. NFT를 구입하면 원본 VOD에 낙찰금액
과 구매자의 닉네임이 노출된다. 마치 방송 중 별풍선을 쏘는 것
과 같다. 아바타의 경우 프리블록스 메타버스에서 사용가능한 스
킨으로, 블록체인 기반의 게임회사들이 게임 아이템을 파는 것과
같다. 이 역시도 메타버스 세상에서 내가 누군가의 찐팬이라는
것을 보여주는 팬심의 영역으로 끌어들이려는 것이다.

 셋째, 투자와 후원을 동시에 잡는 컨셉이다. NFT를 구입한 금
액 중 수수료를 제외한 50%는 BJ에게 가고, 이외에도 그동안 해
당 BJ에게 별풍선을 가장 많이 후원한 유저에게 2%, 광고주에게

Part 6 NFT, 그들만의 리그에서 우리들의 일상으로 **229**

도 3%가 지급된다.

종합해 보면 AFT마켓에서 NFT를 구입한다는 건 재판매를 통한 투자나 다른 사람들에게 자랑하기 위해서가 아니라, 자신이 진짜 좋아하고 응원하는 BJ에 대한 후원 중 하나라는 것을 알 수 있다.

아프리카TV의 이 세 가지 특징은 분명 엔터테인먼트 회사뿐만 아니라 '팬'을 관리하는 서비스를 운영하는 회사라면 배워야 할 부분이다.

4

우리가 일상에서
만나게 될 NFT

　지금까지 우리가 일상에서 만날 수 있는 명품 브랜드와 팬덤 시장에서의 NFT를 살펴봤다. 하지만 이 두 분야 역시 '일상적'이라고 보기에는 어렵다. 일반인이 명품을 자주 살 수 있는 것도 아니고, 팬덤 역시 관심 있는 사람들만의 취향이기 때문이다.

　그렇다면 우리가 일상에서 실질적으로 자주 접할 수 있는 NFT는 어떤 것들이 있을까? 아마도 기념품, 입장권, 증명서 등이 될 것이다.

기념품, 입장권에서의 활용

NTF는 기념품이나 입장권에 잘 어울리는 서비스다. 기념품과 관련된 사례로는 '닥터 프로스트 10주년 기념 NFT'가 있다. 2021년 네이버웹툰 〈닥터 프로스트〉의 연재가 10년 만에 끝났다. 디지털리유어스는 이를 기념하며 NFT를 한정판으로 발행했고, 33개의 NFT가 추첨을 통해 팬들에게 증정되었다. 당첨자들에게는 카카오 클립으로 NFT 작품이 보내졌는데, 필자도 운좋게 당첨되어 작품을 소유할 수 있게 되었다. 함께 발행된 6개의 NFT는 오픈씨를 통해 경매와 판매가 이루어졌다.

네이버웹툰의 〈닥터 프로스트〉 10년 연재를 기념해 한정판 NFT가 발행되었다.　　출처 : 디지털리유어스

행사 참석자들에게 기념품으로 NFT를 주는 것도 생각해 볼 수 있다. 글로벌 투자은행인 JP모건은 '전통경제 투자자를 위한 크립토 경제포럼'에 참석한 사람들에게 NFT를 무료로 지급했다. 미국의 영화관 체인 AMC는 2021년 11월 말 〈스파이더맨 : 노 웨이 홈〉의 사전 예매자들에게 100종의 NFT 86,000개를 선착순으로 제공하기도 했다.

NFT는 누구도 위조하거나 변조할 수 없으니 콘서트 예매권으로도 활용할 수 있다. 한글과 컴퓨터가 만든 '아로와나 NFT 마켓'에서는 〈쇼미더머니 10 콘서트〉 티켓을 팔았다. 각 좌석은 10~20만대의 가격에 낙찰되었는데, NFT로 낙찰을 받았어도 이메일을 통해 정보를 확인 후 실물 티켓을 나누어 주는 방법을 택했다. 현장에서 NFT를 쉽게 확인할 수 있는 방법이 있기 전까지는 아직 NFT 티켓을 적용하기에는 어렵다는 점을 보여줬다.

아로나와마켓에서 판매된 '쇼미더머니 10' 콘서트 티켓　　　　　　　　출처 : 아로나와NFT마켓

아직 일반적인 회사와 개인들이 100% 자유롭게 NFT를 주고 받을 수 있는 건 아니다. 하지만 앞으로는 가수나 스포츠 선수들이 자신의 팬들에게 멋진 공연이나 시합 장면을 NFT로 만들어 선물로 주거나 판매를 할 수 있다. 작가들은 책을 구입한 독자들에게 특별한 NFT를 제작해 선물로 보내줄 수도 있고, 기업은 VIP 고객들을 위한 멤버십 NFT를 발행하는 등 다양한 방법으로 NFT를 활용할 수 있다. NFT를 받은 사람들은 카카오 클립과 같은 디지털 지갑에서 언제든 이를 확인할 수 있고, 필요하다면 다른 사람에게 선물할 수도 있다. 다만 아직 카카오 클립에서는 개인이 개인에게 NFT를 발행하는 것은 지원하지 않고 있다. 이것이 가능해진다면 누군가에게 이메일로 사진을 보내는 것처럼 NFT를 주고받는 시대가 오게 될 것이다.

증명서, 신분증, 자격증으로 활용

주식을 교환해 주는 이벤트에서도 NFT가 쓰일 수 있다. 2021년 8월 카카오엔터테인먼트는 카카오웹툰 이용자들 중 1,000명을 추첨해 'NFT 주식교환권'을 증정했다. 다음웹툰을 카카오웹툰으로 개편하면서 진행한 이벤트다. NFT를 가지고 있으면 상장 6개월 이후 정해진 시점에 카카오엔터테인먼트 1주와 교환할 수 있다. 이때 당첨자에게 증명서를 메일로 보내거나 우편으로 보냈다면 교환까지 걸리는 기간 동안 분실의 위험성이 있을 수 있다. 하지만 주식교환권 NFT는 카카오 지갑 '클립'에 쉽게 저장할 수 있고, 양도나 이전이 불가능하게 되어 있다. 이처럼 앞으로는 주식, 상품권 등의 증정 이벤트에 NFT가 많이 사용될 것으로 보인다.

미국 데이터분석 기업 메사리^{Messari}의 'Crypto Theses 2022'에 따르면 NFT는 신분증이나 자격증에 쓰여 대체불가능한 이력으로 활용될 수 있을 것으로 보인다. 학력, 경력, 자격증 등 모든 경험과 관련된 문서들을 NFT로 만들게 되면 위조와 변조를 할 수 없기 때문이다.

이미 LG전자는 SW전문가교육 수료 임직원 120명에게 NFT 인증서를 수여했고, 성균관대학교는 공모전 수상자들에게 NFT로 상장을 수여했으며, 호서대학교는 학위증을 NFT로 발급한 바 있다.

이처럼 이미 수많은 곳에서 NFT를 증명서와 인증서로 활용하는 것을 테스트 중이며, 발급할 때 소요되는 가스비만 해결된다면 일상에서의 활용은 멀지 않아 보인다.

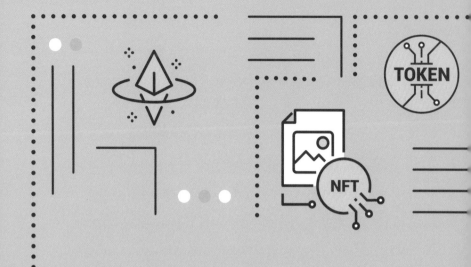

Part 7

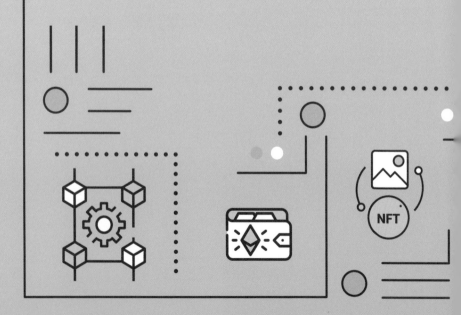

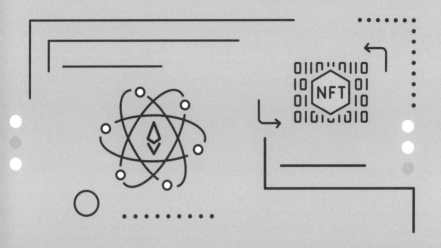

기업들의
주목할 만한
움직임

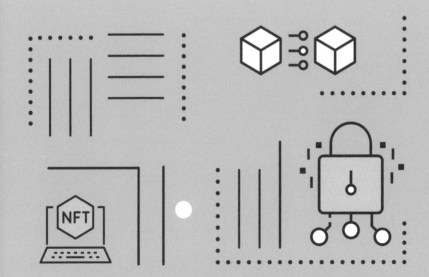

N O N

F U N G I B L E

T O K E N

1

글로벌 기업들의
NFT 진출

　앞서 이야기했듯 NFT 아트를 통해 거래된 막대한 돈은 사람들의 관심을 이끄는 기폭제 역할을 했다. 또 NFT 인증서 등 관련 서비스들은 NFT가 우리들의 일상에 얼마든지 쓰일 수 있음을 입증해 주고 있다. 하지만 NFT가 일상이 되기 위해서는 하나의 역할이 더 필요하다. 바로 기업들의 구체적인 움직임이다. Part 7에서는 기업들이 NFT의 활성화를 위해 어떠한 준비를 하고 있는지 살펴보자.

어도비의 포토샵

어도비의 포토샵은 많은 크리에이터들이 작품을 만들 때 이용하는 프로그램이다. 어도비에서는 포토샵으로 작업한 결과물을 NFT로 쉽게 만들 수 있도록 '콘텐츠 크리덴셜(콘텐츠 자격증명)' 기능을 추가하겠다고 발표했다. 크리에이터들이 만든 작품에 NFT를 통해 창작자의 이름과 편집내용, 시간과 장소 등의 데이터를 넣어 콘텐츠 조작을 방지하고 창작자 인증을 하겠다는 의미다.

이 기능을 통해 크리에이터는 오픈씨, 라리블, 노운오리진, 슈퍼레어 등 NFT거래소에서 포토샵 창작물을 거래할 수 있게 된다.

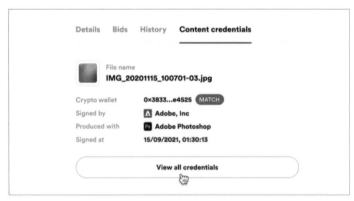

콘텐츠 크리덴셜 기능을 통해 NFT와 연결된 지갑과 발행에 사용된 지갑의 동일 여부를 확인할 수 있게 된다.

출처 : 라리블

트위터

비플부터 시작해 수많은 아티스트들과 NFT거래소, 커뮤니티들이 작품을 알리는 수단으로 '트위터'를 가장 많이 이용하고 있다. 이에 맞춰 트위터에서는 크리에이터뿐 아니라 NFT를 구입한 사람들이 자신이 보유한 NFT로 프로필을 변경할 수 있도록 했다. 암호화폐 지갑을 연동하면 되는데, 이렇게 바뀐 프로필은 육각형 모양을 가진다(일반 유저들은 원형 모양이다. 아직까지는 북미지역에서만 가능하고, 트위터 블루 가입자만 가능한 실험 버전이다). 이렇게 자신의 프로필을 바꾸는 서비스를 PFP(ProFile Picture)라고 하는데, 이를 통해 NFT를 보유한 커뮤니티의 일원임을 증명할 수 있다. 앞서 이야기한 크립토펑크, BAYC 등의 컬렉션이 인기를 끄는 이유이기도 하다.

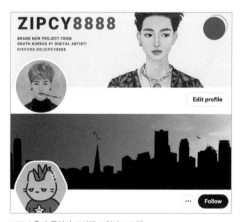

NFT 소유자 증명이 표시된 트위터 프로필

메타 (페이스북)

회사 이름까지 바꾼 페이스북의 '메타' 역시 NFT를 지원하겠다고 선언했다. 아직 구체적인 내용은 알려지지 않았지만 가장 먼저 떠올릴 수 있는 것은 메타의 가상현실 공간인 호라이즌 월드 내 자신의 집을 꾸미는데 사용될 것으로 보인다. 친구들을 초대해 이 공간에서 함께 영화도 보고 회의도 진행할 수 있는데, 여기에 NFT로 구입한 작품들을 전시하는 걸 생각해 볼 수 있다.

또 하나 관심있게 지켜봐야 하는 것은 암호화폐 지갑 '노비Novi'다. 노비는 카카오의 클립과 같이 블록체인으로 구성된 암호화폐를 보관할 수 있는 지갑이다. 구입한 NFT 작품을 페이스북이나 인스타그램 내에 전시할 수 있는 기능이나 트위터처럼 프로필을 바꾸는 기능, 다른 사람의 지갑으로 NFT를 전송하거나 받을 수 있는 기능들이 예상된다.

디즈니

디즈니는 VeVe라는 이름의 전용 앱을 통해 디즈니가 보유한 콘텐츠를 NFT로 발행하기 시작했다. 아직 우리나라에는 많이 알

디즈니의 NFT거래소 VeVe에서는 심슨, 엘사, 픽사, 마블 캐릭터들이 NFT로 거래되고 있다.

출처 : VeVe

려지지 않았지만, 미국, 캐나다, 영국, 독일 등에서는 꽤 많이 알려진 마켓이다. 심슨, 엘사, 픽사, 마블 캐릭터의 아바타와 스파이더맨의 초판본 표지 등이 NFT로 만들어져 거래되고 있다.

컬렉션 시리즈인 '골든 모멘트'에서는 디지털로 만든 피규어 조각상이 NFT로 만들어져 있고, 이를 구입하면 디즈니플러스 3개월 구독권을 함께 받을 수 있다.

VeVe는 웹이 아닌 앱으로만 쓸 수 있다는 점이 한정적이지만, 디즈니는 완성된 NFT를 출시하는 게 아니라 NFT 시장에서의 확장 가능성을 테스트하고 있는 중으로 보인다. 따라서 캐릭터 등의 콘텐츠를 가지고 있는 회사라면 온라인과 오프라인에서 다양한 콘텐츠와 디즈니월드를 가지고 있는 거대 기업이 어떻게 움직이는지에 대해 관심있게 지켜봐야 할 것이다.

2

카카오와 네이버의
NFT 진출

우리나라에서는 당연히 카카오와 네이버가 어떤 행보를 보이
는지를 관심있게 지켜봐야 한다. 최근 들어 두산그룹, 효성그룹,
SSG 등 국내 대기업들도 각자의 방식으로 NFT 시장에 뛰어들고
있고, 앞으로 더 많은 기업들이 이 시장에 진출하리라 본다.

여기에서는 대표적인 플랫폼 기업인 카카오와 네이버의 움직
임을 통해 우리나라 NFT 시장의 가능성을 알아보자.

카카오의 움직임

카카오는 계열사 그라운드X를 통해 NFT 사업을 진행하고 있다. 계열사 크러스트에서는 '클레이튼' 블록체인을 기반으로 '클레이'라는 이름의 암호화폐를 발행한다.

카카오는 '클레이튼'이란 블록체인 생태계 위에 여러 사업들을 연결하고 있는데, 개인들이 민팅할 수 있는 '크래프터 스페이스'와 직접 큐레이팅한 작가들의 작품을 판매하는 NFT거래소 '클립 드롭스'도 클레이튼 기반이다. 카카오톡 안에 들어있는 블록체인 지갑 '클립' 역시 클레이튼을 기반으로 한다.

2021년 11월에는 카카오게임즈에서도 NFT거래소를 만들겠다고 발표했다. 아무래도 게임이란 성격상 카카오게임즈의 거래소는 다양한 종류의 NFT보다 게임과 관련된 NFT가 거래되는 마켓플레이스가 될 것으로 보인다.

카카오엔터테인먼트는 3D 가상 캐릭터의 NFT를 전문적으로 만드는 미국의 유망 스타트업 '슈퍼플라스틱'에 투자를 했고, 넷마블과 함께 버추얼 인플루언서(사이버 아이돌)를 만들기로 했다. 이런 행보를 보면 카카오엔터테인먼트는 별도의 거래소를 만들기보다 우선 사이버 인플루언서의 NFT를 하나씩 만들어 판매하는 식으로 진행할 것으로 보인다. 향후에는 이 기술력을 바탕으로

카카오엔터테인먼트는 미국의 유망 스타트업 '슈퍼플라스틱'에 투자를 했다.

카카오의 캐릭터들이 NFT화 되어 나올 수 있을 것이다.

카카오는 이처럼 NFT나 메타버스와 조금이라도 관련 있는 계열사들이 독자적으로 생태계를 만들어 갈 것으로 보인다. 물론 그 기반에는 클레이튼이 있다. 각각 따로따로 확장하는 것처럼 보이지만 뿌리는 클레이튼에 있다고 보면 된다. **카카오가 NFT에 있어서 가장 큰 힘을 발휘할 것으로 예상되는 이유는 카카오톡에 설치되어 있는 블록체인 지갑 클립 때문이다.** 각자가 구입한 NFT나 선물받은 NFT를 스마트폰에서 간단하게 보고, 이를 다른 사람들에게 보여주기에는 카카오톡 만한 게 없다. 그래서 앞으로 카카오는 클립을 어떻게 더 많은 사람들에게 알리고 사용하게 할 것인가에 집중할 것으로 예상된다.

네이버의 움직임

카카오가 빠르게 이것저것 움직이는데 비해 네이버는 아무것도 안 하는 것처럼 보인다. 물론 메타버스에서 네이버는 '제페토'라는 강력한 플랫폼을 가지고 있다. 그런데 그 외에는 특별히 드러나는 게 보이지 않는다.

하지만 네이버는 국내보다 해외에서 이미 다양하게 코인과 NFT에 관한 프로젝트를 진행 중이다. **카카오의 NFT 중심에 '클레이튼'이 있다면 네이버 해외 프로젝트의 중심에는 '라인'이 있다.** 라인은 이미 2019년 9월 암호화폐 거래소 '비트맥스'를 설립했고(2021년에 '라인비트맥스'로 이름을 바꿨다), 2020년 8월에는 '링크' 코인을 상장했다.

라인은 암호화폐 지갑인 '라인 비트맥스 월렛'을 통해 NFT에 대한 발행·관리는 물론 라인 메신저로 쉽게 주고받을 수 있게 할 예정이다. '라인 비트맥스 월렛'은 카카오의 '클립'과 같다고 보면 된다. 2021년 11월 제페토 NFT 1,200개가 라인 블록체인을 통해 만들어져 크립토게임즈의 NFT 스튜디오에서 개당 500엔에 판매되었으며, 비트맥스 NFT거래소에서 재판매할 예정이다.

카카오가 계열사별로 NFT를 확장하고 있는데 반해, 네이버는 단일하게 '라인' 하나만을 중심에 두고 확장 중이다. 아무래도 우

네이버는 일본에서 라인 블록체인을 활용한 제페토 NFT를 발행했다.   출처 : 라인

리나라에서는 NFT나 가상자산에 대해 다양한 법규를 고려해야 하기 때문에 해외시장에서 먼저 서비스를 확고히 한 후 국내 시장에 진출할 것으로 보인다. 2021년 12월에는 NFT와 관련된 법인 '라인 넥스트'를 한국과 미국에 설립했는데, 국내에서는 전략과 기획, 미국에서는 사업 운영을 담당하는 걸로 업무영역을 구분하고 있다.

카카오와 네이버의 가장 큰 장점은 이미 많은 사람들이 사용하고 있는 메신저 '카카오톡'과 '라인'을 기반으로 확장하고 있다는 점이다. 메신저가 NFT 거래의 플랫폼으로 자리잡게 된다면 다른 회사들은 필연적으로 두 회사와 손을 잡을 수밖에 없을 것이다.

3

NFT에 눈독을
들이는 기업들

금융회사들의 NFT 진출

앞서 이야기한 카카오와 네이버 등 빅테크 기업들의 NFT 사업
은 기존 금융권들에게 위협이 될 수밖에 없다. 이미 스마트폰 혁
명 이후 핀테크 시장의 변화에서 전통 금융권들은 빅테크 기업들
에게 승기를 빼앗겼다. 그래서 메타버스와 NFT 시장에서는 더 뒤
처지지 않기 위해 금융권들은 NFT 사업에 빠르게 뛰어들고 있다.

국민은행은 해치랩스, 해시드와 함께 한국디지털에셋^{KODA}을

설립했고, 우리은행은 코인플러그와 함께 디커스터디^{Dicustody}를 설립했다. 신한은행은 가상자산을 수탁하는 업체 KDAC(한국디지털자산수탁)에 지분투자를 했다. 특히 신한은행은 〈NFT 부산 2021〉 행사에서 '은행권에서는 디지털 자산 시장에 대해 부정적인 견해가 많았지만 시장은 이미 커버렸고 고객들이 원하는 시장이 됐다'라며 새로운 비즈니스 모델 발굴에 있어 디지털 자산 수탁, 디지털 자산 토큰화, NFT에 집중할 거라고 발표했다. 신한카드는 금융권 최초로 '신한플레이' 앱에 NFT를 발행하고 관리할 수 있는 서비스를 탑재했다.

이처럼 금융권에서 적극적으로 디지털 자산과 NFT 시장을 이끌어 간다면 NFT를 구입할 암호화폐를 은행에서 빌리거나, 우리가 가지고 있는 NFT를 맡기고 이자를 받는 방법도 생각해 볼 수 있다. NFT를 하나의 자산으로 인정한다면 가능한 일이기 때문이다. 그런데 이미 이런 서비스를 하는 곳이 있다. 대표적인 회사 NFTfi에 대해 알아보자.

NFTfi (nftfi.com)

NFTfi는 대표적인 NFT 담보대출 서비스 회사다. 자신이 보유

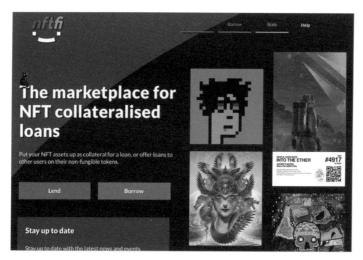

NFTfi에서는 NFT를 담보로 대출을 받을 수 있다.   출처 : NFTfi

한 NFT를 담보물로 회사에 맡기고, 다른 유저들에게 암호화폐를 일정 기간 대출받을 수 있다.

이때 대출은 회사에서 해주는 게 아니라 P2P 형식으로 진행된다. 즉, 여유가 있는 사람이 암호화폐를 빌려주고 이자를 받는 방식으로, 만약 상환기간 내에 빌린 암호화폐를 갚지 못하면 NFT는 대출해 준 사람의 소유로 바뀌게 된다. 이런 계약도 스마트 컨트랙트를 통해 자동화되어 있어서 대출자 입장에서는 안전하게 암호화폐를 빌려줄 수 있게 된다.

일반적으로 클라우드 펀딩은 개인과 개인이 돈을 빌려주는 방식인데, 여기서 문제점은 상환이 이루어지지 않았을 때다. 이 경

NFTfi를 통해 작품별 필요자금과 상환일자를 확인할 수 있다.　　　　　　　　

우 펀딩 회사는 채무자에게 소송을 통해 채권을 회수하게 되는
데, 시간도 오래 걸리고 100% 회수도 불가능하다. 반면 NFTfi의
경우 NFT라는 담보를 통해 확실하게 회수가 된다는 점이 매력적
이다.

NFT뱅크

　NFT의 종류가 많아지고, 다양한 곳에서 NFT를 발행할 수 있
게 되면서 어느 거래소에서 구입을 했는지 헷갈리는 경우가 생기
게 된다. 은행의 경우는 동일한 화폐를 교환하다 보니 문제가 없

지만, 암호화폐와 NFT는 발행하는 주체에 따라 거래소가 각각 다르다. 또 NFT거래소마다 투자수익도 다를 수밖에 없다. 게다가 메타마스크, 카이카스 등 암호화폐 지갑도 다양해지고 있어 이를 다 엑셀파일로 정리할 수도 없는 노릇이다.

이 부분을 사업아이템으로 만든 회사가 바로 NFT뱅크다. **NFT 뱅크는 가입자들의 NFT 거래내역, 투자수익 등을 한 번에 모아서 보여주는 서비스다.** 각기 다른 암호화폐 지갑으로 보유한 NFT를 모아서 보여주고, 시세정보까지 알려준다. 이용자들은 NFT뱅크에서 자신의 지갑으로 로그인하면 보유하고 있는 NFT의 거래내역과 투자수익 등을 한 번에 볼 수 있다.

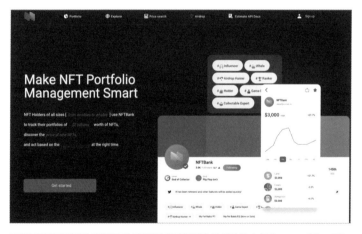

NFT뱅크를 통해 자신이 가진 NFT의 거래내역과 투자수익을 한 번에 볼 수 있다.　　　　출처 : NFT뱅크

디지털 액자

NFT 작품을 보유하고 있다면 이를 스마트폰의 작은 화면보다는 큰 화면으로 보고 싶을 것이다. 또 자신의 작품을 현실세계에 걸어 놓고 싶은 욕구도 생기게 된다. 이를 해결해 줄 수 있는 것이 바로 디지털 액자이다.

넷기어의 뮤럴 디지털 액자는 100점 이상의 NFT 작품을 볼 수 있게 서비스하고 있다. 이외에도 자신의 작품을 쉽게 디지털 액자로 가져와 전시할 수 있게 한다면 새로운 기회를 발견할 수 있다. 물론 이때에는 작품을 전시한 본인의 소유라는 것을 암호화폐 지갑 인증이나 기타 방법으로 구현해야 하는데, 제대로만 된다면 제품의 가격은 문제가 되지 않을 것이다.

넷기어에서는 NFT 작품을 볼 수 있는 디지털 액자를 출시했다.   출처 : 넷기어

2021년 12월 플로리다에서 열린 NFT 예술작품 전시회 '더 게이트웨이'에는 LG시그니처 올레드R TV를 통해 NFT 예술작품들이 전시되기도 했다. 삼성전자도 12월 NFT 전시회 '비상한 NFT 아트전'에 디지털TV 더 프레임을 통해 전시를 지원했다.

Part 8

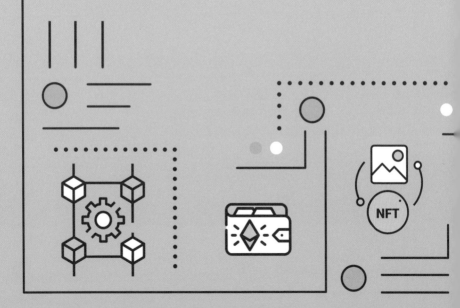

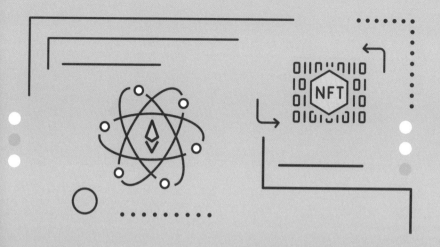

NFT의 시대,
무엇을 준비해야
하는가

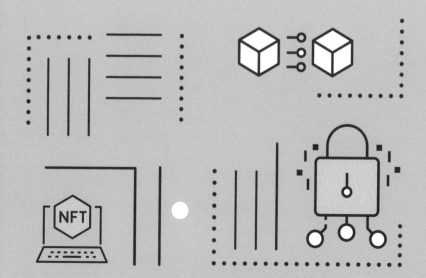

NON

FUNGIBLE

TOKEN

1

NFT 관련
기업의 과제

지금까지 NFT에 대한 전반적인 내용과 거래소, 기업들의 움직임을 살펴봤다. 워낙 NFT의 세계가 방대하다 보니 이것만으로 충분하지는 않겠지만, 그래도 디지털 세상의 흐름이 바뀌고 있다는 점은 공감했을 것이다. 그럼, NFT가 더욱 발전하기 위해서 기업과 정부, 그리고 개인들은 무엇을 준비해야 하는지 큰 틀에서 한 번 점검해 보자.

거래소의 과제

NFT거래소들은 당분간 '난립'이라고 할 정도로 춘추전국시대를 맞이할 것이다. 이중에는 대기업의 투자를 받고 등장하는 곳도 있을 것이고, 작고 빠른 스타트업이 한 종류의 아이템만 가지고 성공하는 거래소들도 나타나게 될 것이다. 우리나라에서 거래소들이 성공하기 위해서는 어떤 점들을 고민해야 하는지 살펴보자.

첫째, 글로벌 시장으로의 진출 지원이다. K-콘텐츠가 전 세계적으로 관심을 받고 있는 지금, 우리 아티스트들의 작품이 국내에서만 소비되기에는 너무 아쉽다. 코로나 팬데믹으로 세계는 더 가까워졌고, 〈오징어 게임〉과 같은 콘텐츠들로 인해 대한민국에 대한 해외의 관심과 세계로 뻗어나갈 기회가 더 많아졌다. 거래소 역시 국내 시장에만 안주해서는 안 된다. 이를 위해 해외 에이전시와 거래소, 옥션들과의 빠른 제휴는 필수다.

둘째, 거래소의 힘은 고객에게서 나온다. 거래소에게 고객은 크리에이터와 구매자, 그리고 재판매자들이다. 아직까지 판매자(크리에이터)의 대부분은 NFT 거래에 익숙하지 않은 사람들이다. 또 구매자들 역시 가격이 적절한지 정확히 모르는 상태에서 주위의 분위기에 휩쓸려 작품을 구입하는 경우도 많다. 이렇게 처음 거래를 시작하는 사람들을 위해 거래소는 최대한 친절하게 접근해야 한다. 토스와 같은 고객 편의성, 그들만의 전문용어가 아닌 모두가 이해할 수 있는 배려가 필요한 시점이다.

셋째, 세련된 디자인이 필요하다. 슈퍼레어, 니프티게이트웨이와 같이 세련된 형태의 디자인을 참고할 필요가 있다. 국내의 몇몇 거래소들은 예술작품들이 거래되는 곳인데도 불구하고 유치할 정도의 디자인으로 구성되어 있다. 아무리 암호화폐 시스템 적용에 더 많은 신경을 썼다지만 외부에 보이는 것 역시 제대로 구성되어야 한다.

넷째, 크리에이터에 대한 파트너십이 필요하다. 아티스트들과의 작업에서 한 번 전시회를 열고 끝나는 게 아니라 파트너로서의 지속적인 배려가 필요하다. 작품을 구입한 팬들과의 만남은 물론 크리에이터의 작품 제작 지원, 홍보 지원 등 생각할 수 있는 부분은 많다. 온오프라인 전시회를 같이 하는 것도 좋은 방법이다. 이러한 배려가 없다면 국내의 뛰어난 창작자들이 해외 거래소로 넘어가는 것을 막을 수 없을 것이다.

마지막으로 구매자와 판매자들을 위한 보호 대책도 충분히 설명되어져야 한다. 안전하게 블록체인 방식으로 저장된다는 것만 강조하기보다 작가들의 그림 파일과 영상 파일은 다른 곳에 저장된다는 안내와 만약 거래소가 없어지게 될 경우 작품들은 어떻게 개인들의 지갑으로 옮길 수 있는지에 대한 안내 역시도 좀 더 친절하게 설명될 필요가 있다. 저작권과 소유권의 개념 역시도 정확하게 명시되어야 한다. 작품을 소유하고 있으니 어디에나 마음대로 사용할 수 있다고 믿는 구매자들도 많을 것이기 때문이다.

게임회사, 엔터테인먼트 회사들의 과제

거대 게임회사들의 경우 P2E 시장 진출에 머뭇거려서는 안 된다. 이미 그동안 수많은 게임 속에서 경제활동을 조절하는데 충분히 익숙해졌고, 외부 아이템 거래, 해킹과 도난 문제 등 다양한 문제를 해결해 본 경험이 있기 때문이다. 그리고 P2E를 도입하겠다고 정책적으로 결정을 내렸다면 처음부터 글로벌 시장을 타깃으로 하는 게 유리하다. 우리나라의 경우 게임법은 언젠가 해결되겠지만 아직 충분한 사회적 합의가 필요하기 때문에 그 시점은 장담하기 어렵다. 그렇기에 당연히 글로벌을 대상으로 시작하는 게 낫다.

정부에서 가장 우려하는 '사행성 게임'에 대한 부분 역시 게임회사에서 먼저 해결책을 제시하는 게 더 빠르다. 정부의 입장에서는 국민들의 재산권 보호를 위해 최대한 결정을 늦출 수밖에 없고, 게임회사는 글로벌 경쟁력이 떨어진다며 빠른 결정을 내리기를 원하는 평행선을 달리는 상황이라면 아쉬운 쪽에서 먼저 좋은 대안을 제시하는 것이 필요하다.

엔터테인먼트 회사들에게 NFT의 등장은 너무나 좋은 기회이다. 다만 너무 수익적인 측면에서만 바라보지 말고, 조심스럽게 접근해야 한다. 앞에서 이야기했듯이 스타들의 굿즈를 NFT로 만들어 팔면 당장 큰 수익을 낼 수는 있겠지만 자칫 너무 돈벌이에만 치중한다는 느낌을 줄 수 있다. 돈이 많은 팬과 그렇지 않은 팬이 편을 나누거나, 청소년들이 무리해서 비싼 굿즈를 사는 일들이 벌어지게 되는 등 NFT 굿즈로 인해 사회적인 문제가 생기게 되면 팬들의 마음이 떠날 수 있고, 이제 막 태동한 NFT의 확장 기회가 물거품이 될 수도 있다.

결국 엔터테인먼트 시장을 움직이는 건 '팬'이다. 따라서 오프라인으로 앨범을 구입할 때 NFT를 증정하거나, 콘서트 참여 티켓 발행 등 팬들이 NFT에 대해 이해하면서 천천히 함께 가는 과정이 필요하다. 또 찐팬들을 위한 VIP 카드를 NFT로 발행하는 것도 좋은 방법이 될 것이다. NFT에 대해 전혀 관심이 없던 팬들이라도 일단 무료로 받게 되면 사용하는 방법에 대해 고민하게 된다. 게다가 몇 년 동안 스타를 응원했던 팬들에 대한 보상이라면 긍정적인 반응도 끌어올 수 있기 때문이다.

2

정부의 과제와
법적인 문제

전 세계적으로 NFT의 열풍이 불자 가장 머리가 아픈 쪽은 아마도 정부일 것이다. 메타버스 열풍이 지나가지도 않았는데 NFT를 또 공부해야 하는 상황이 되었다. 하지만 이건 굉장히 좋은 기회일 수 있다. **NFT는 단순히 예술품과 게임 아이템을 사는데 그치는 게 아니라 지금까지 존재하는 모든 디지털 콘텐츠들을 자산화하는 의미이자 각종 인증의 수단으로 자리잡을 수 있기 때문이다.** 특히 경력증명서나 졸업증명서, 자격증 등을 블록체인 지갑에 NFT로 담는다면 경력 위조와 같이 사회적으로 이슈가 되는 사건들에 대해 명확하게 정리할 수 있는 수단이 될 수 있다.

개개인의 보호 문제

국민 개개인들의 재산권을 보호하는 문제 역시 큰 이슈다. 거래소를 통해 NFT 콘텐츠를 사고파는 투자 측면에서는 거래소에 대한 검증과 승인을 고민할 수밖에 없다. 투자는 개인의 몫이라지만 이를 투명하게 운영해야 하는 거래소들의 경우 투자자들의 자산을 어떻게 보호하고 있는지에 대한 검증은 정부의 역할이기 때문이다.

P2E 게임과 관련한 이슈도 빠르게 해결되어야 할 부분이다. 게임 아이템을 NFT로 만들거나 거래가 이루어지는 것에 대해서는 정부에서 반대할 여지가 없다. 문제가 되는 건 사행성 여부다. 이에 대해서는 게임업계, 정부, 게임 유저들의 이야기를 듣고 협의하는 일이 최대한 빠르게 진행되어야 한다.

법적인 문제

NFT는 거래소를 통해 누구나 쉽게 발행할 수 있다 보니 법적인 문제가 생길 수 있다. NFT로 만들어진 작품은 누구도 위조·변조할 수 없는 디지털 원본이 되지만, 원본 작품 자체가 진짜가 아닌 경우에는 선량한 피해자가 발생할 수 있기 때문이다.

이미 현실에서는 다양한 위작들이 나타나고 있다. 얼굴 없는 화가 뱅크시의 NFT가 33만 6,000달러(약 3억 8,000만원)에 팔렸는데, 나중에 알고 보니 원 작품 자체가 위작이었다. 다행스럽게도

뱅크시의 위작 NFT가 뱅크시 공식 웹사이트에서 판매되었는데, 이는 해킹으로 인한 것으로 밝혀졌다. 　　　　　　　　　　　　　　　　　　출처 : Pranksy 트위터

700만원 가량의 가스비를 제외하고 돈을 돌려받을 수 있게 되었는데, 이 사건은 NFT 위작에 대한 경종을 울리는 계기가 되었다. 우리나라에서도 아티스트 집시^{Zipcy}의 작품을 무단으로 도용하여 Zipcy'라고 따옴표 하나만 추가한 계정으로 오픈씨에 올라온 사건이 발생했다. 이 경우 거래소에 강력한 항의를 한다면 더 이상 거래가 되지 않도록 작품을 내리는 것까지는 가능하겠지만 만약 거래가 되었다면 잃어버린 명성과 다른 사람들이 벌어들인 수익은 회수할 수 없다. 대부분의 거래소들은 별도로 이메일 계정 등의 정보 없이 암호화폐 지갑만 연동해서 회원가입을 하다 보니 개개인들이 누구인지까지 파악하기 힘들기 때문이다.

저작권 문제도 고려해야 한다. 2021년 5월 많은 관심을 모았던 이중섭, 박수근, 김환기 작가의 NFT 경매가 취소되는 일이 벌어졌다. 경매를 진행하기로 한 워너비인터내셔널에서는 미술등록협회를 통해 모든 절차에 맞게 진행했다고 했지만, 저작권을 가지고 있는 환기재단과 박수근 작가의 유족 측에서 이에 대해 협의도 합의도 한 적이 없다고 강하게 부인했기 때문이다.

이처럼 **예술품의 경우 저작권에 대한 문제는 물론, 원본을 그대로 디지털로 만든 작품이 맞는지에 대한 진위 여부도 확인해야 한다.** 앞으로도 지속적으로 발생할 수 있는 문제이니 관심있게 살펴봐야 한다.

과세 문제

NFT 콘텐츠는 현재 다양한 곳에서 거래가 되고 있고, 거래가 된다는 것은 자산으로 볼 수 있다는 뜻이다. 이때 **문제가 되는 건 NFT 콘텐츠가 특정금융정보법상의 가상자산에 해당하게 될 때다. 이렇게 되면 세금 문제가 발생하게 된다.**

특정금융정보법 2조에 의하면 가상자산이란 '경제적 가치를 지닌 것으로 전자적으로 거래 또는 이전될 수 있는 전자적 증표'를 의미한다. 이에 대해 국제자금세탁방지기구[FATF]에서는 'NFT는 투자나 결제수단으로 볼 수 없어 가상자산의 범주에 포함하지 않는다'라고 했고, 홍남기 경제부총리 역시 'NFT는 현재 가상자산이 아니다'라고 했다.

이를 종합해 보면 우리 정부(금융위원회)는 아직 NFT의 기술적 특성에 따라 가상자산으로 분류될 가능성을 낮게 평가하고 있는 분위기이다. 다만 향후 다양한 NFT가 나올 가능성이 있는 만큼 NFT의 서비스 현황에 대한 연구와 검토를 거친 후 가상자산으로서의 과세 여부를 결정하겠다는 신중한 입장을 보이고 있다.

3

개인에게
주어진 기회

　메타버스의 시대, 디지털 콘텐츠에 NFT가 적용되며 더 많은
기회의 문이 개인들에게 열리고 있다. 관련업에 종사하고 있거나
이 분야에 조금이라도 관심이 있다면 기다릴 시간이 없다. 일단
뛰어들어 경험해야 한다.

크리에이터

크리에이터라면 지금 바로 NFT를 공부하고, 자신의 작품을 NFT로 만들어 시장에 내놓아야 한다. 벌써 이 시장에는 많은 기성작가들과 발빠른 신인작가들이 뛰어들고 있다. 이제 얼마 지나지 않아 기회를 미리 선점한 유명작가들만 살아남게 될지 모른다. 믿을 수 있는 에이전시와 함께 전략적으로 접근해도 좋고, 직접 만들어도 괜찮다. 민팅수수료가 부담될 수도 있으나, 무료로 민팅할 수 있는 거래소들도 많아졌다. 작품이 팔릴 때 내야 하는 수수료가 비싸 보일 수도 있으나, 재판매시 10%의 로열티를 받을 수 있는 계약을 걸 수 있기에 길게 보았을 때 오히려 더 이득이다.

NFT 아트뿐 아니라 픽셀 아트, 게임 아이템에 이르기까지 기성 크리에이터와 신인 크리에이터가 뛰어들 수 있는 분야가 넘쳐나고 있다. 준비하고 있는 것이 있다면 바로 실행에 옮기자. 이를 위해서는 몇 가지 전략이 필요하다.

첫째, 디지털 작품을 만드는 방법을 배워야 한다. 처음부터 디지털로 작업하는 게 어렵다면 자신의 작품을 사진으로 찍어도 된다. 게임 쪽 NFT의 경우에는 더 쉬울 수 있다. 로블록스, 마인크래프트, 제페토에 이르기까지 이미 많은 게임회사들이 아이템과 게임을 만들 수 있는 스튜디오를 만들어 제공하고 있다.

둘째, 자신의 작품을 SNS에 홍보하여 기록으로 남겨 두자. 위조와 변조에서 살아남아 정말 자신이 그 작품의 크리에이터인 걸 입증하는 가장 좋은 방법은 기록이다. 인스타그램을 만들고 트위터를 개설하여 작품을 만들 때마다 포스팅하자. 당신의 작품을 좋아하는 팬이 당신을 팔로우해 서로 소통할 수 있도록 보다 적극적으로 나설 필요가 있다.

셋째, 긴 호흡으로 생각하자. 비플과 같이 디지털 아티스트로 성공하고 싶다면 그가 보낸 5,000일이란 시간을 기억하라. 비플은 하루아침에 성공한 게 아니다.

투자자

투자자들에게도 NFT는 기회가 될 수 있다. 자신이 구입한 작품이나 아이템이 더 높은 가격에 거래된다면 좋은 투자수단이 될 수 있다. 만약 당신이 농구나 축구 팬이라면 NBA탑샷이나 소레어와 같은 거래소에서 다른 일반인들은 잘 알지 못하는 좋은 카드나 작품을 발견해 더 큰 수익을 올릴 수도 있다.

다만 투자에는 항상 주의가 필요하다. 지금 NFT 시장이 성장하고 있는 건 분명하지만 아트와 컬렉션 시장에는 분명 거품이 있다. 따라서 거품과 관계없이 좋은 작품들과 좋은 아이템을 볼 수 있는 눈과 투자에 대한 확실한 이유가 있어야 한다. 그렇지 않다면 투자에서만큼은 조금 더 확실해지는 때를 기다려도 늦지 않다.

마지막으로 여러 번 강조했듯 탈출 루트를 확보해 놓아야 한다. **거래소나 마켓플레이스가 문을 닫는 일이 생길 경우에 대비해 자신이 구입한 NFT가 어디에 보관되는지를 미리 파악해 두어야 한다. 투자의 마지막은 언제나 개인의 몫이기 때문이다.**

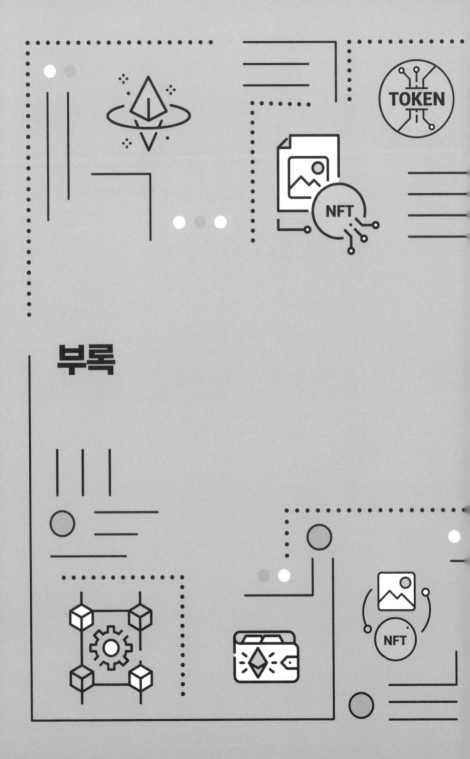

부록

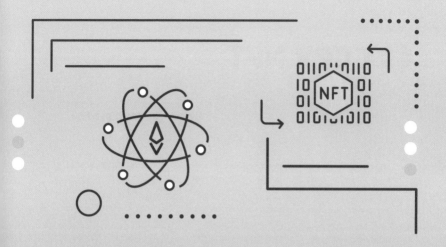

NFT
마켓플레이스

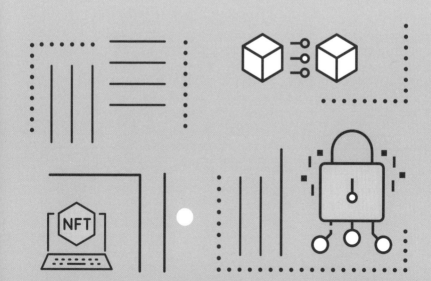

① CCCV NFT

https://cccv.to/nft

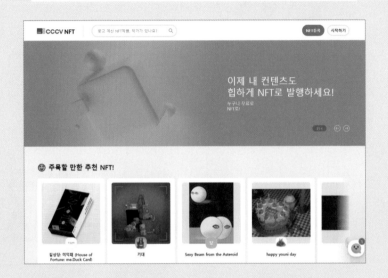

① 개요

CCCV는 MBC 〈무한도전〉의 무야호 NFT가 950만원에 낙찰된 곳이다. 간송미술관, CJ올리브네트웍스 등 다양한 회사들과 협업을 이어가고 있다. CCCV는 AERGO 블록체인을 기반으로 한다.

② 로그인 방법

카카오, 네이버, 구글로 회원가입 및 로그인을 할 수 있다.

③ 거래되는 NFT

사진, 이미지, 영상 등 다양한 NFT가 거래된다. 아직 카테고리 구분은 되어 있지 않다. 개인이 직접 NFT를 발행해서 사고팔 수 있는 '오픈마켓'과 작가들의 작품을 등록한 '갤러리' 방식으로 운영하고 있다. NFT를 판매할 때에는 원화(KRW)로 가격을 정할 수 있고, 에디션도 원하는 만큼 추가 발행이 가능하다.

④ 기타 특이한 기능

판매자와 구매자가 판매·발행·수집한 작품을 확인할 수 있다. 홈페이지 하단에 '채널톡' 기능이 있어 궁금한 점에 대해 편리하게 물어볼 수 있다.

⑤ 결제방법

[구매하기] 버튼을 누른 후 [대한민국 국민입니다]를 누르면 PASS 앱을 통해 본인 확인을 할 수 있다. 결제는 현금과 이더리움, 아르고 세 가지 방식으로 가능하다.

⑥ 한 줄 정리

큐레이션은 부족하지만, 오픈마켓 기능과 로그인, 상담 등 사용자 편의성이 높은 거래소다.

② NFT매니아

https://nftmania.io/

① 개요

NFT매니아는 '러쉬코인' 재단에서 만든 서비스다. 러쉬코인 재단은 홍콩에 설립되어 있고, 러쉬코인(RUSH)은 코인원 등의 암호화폐 거래소에 상장되어 있다. 이날치의 '범 내려온다', 로봇태권브이 피규어, 가수 세븐의 음원 등 다양한 작품들이 거래되었다.

② 로그인 방법

메타마스크, 러시월렛, 카이카스가 있어야 가능하다.

③ 거래되는 NFT

아트, 일러스트, 엔터테인먼트, 스포츠, 도메인 등 다양한 NFT가 거래되고 있다. 개인이 직접 NFT를 발행해 판매하는 오픈마켓도 지원한다.

④ 기타 특이한 기능

카이카스로 로그인하면 크래프터 스페이스에서 만든 NFT를 불러와 NFT매니아에서 판매할 수 있다.

⑤ 결제방법

판매 중인 작품이 이더리움, 러쉬, 클레이 중 어떤 방식으로 판매하는지에 따라 결제방법도 달라진다.

⑥ 한 줄 정리

유명 아티스트들의 작품들도 거래되고, 누구나 크래프터 스페이스로 만든 작품도 판매할 수 있는 매력적인 곳이다.

③ 메타갤럭시아

https://metagalaxia.com

① 개요

효성그룹의 계열사 갤럭시아머니트리는 2021년 5월 블록체인 업체 갤럭시아메타버스를 설립하고, 그해 11월 1일 NFT거래소 메타갤럭시아를 오픈했다.

메타갤럭시아는 배구 영웅 김연경 선수, 마라톤 영웅 이봉주 선수 NFT 등 스포츠 분야를 비롯해 아트, 방송, 엔터테인먼트 등 다양한 분야의 NFT를 거래하고 있다.

② 로그인 방법

카카오, 구글, 이메일로 회원가입 및 로그인을 할 수 있다.

③ 거래되는 NFT

아트, 스타, 럭셔리 세 가지로 나뉜다. 오픈마켓 기능은 없고, 크리에이터의 신청을 받고 있다.

④ 기타 특이한 기능

작품별 조회수, 좋아요, 외부 링크 복사를 지원한다. 럭셔리 카테고리의 작품들은 작품 구매뿐 아니라 특별한 숙소 이용권이 포함되어 있다.

⑤ 결제방법

가격은 한화로 표시되지만, 구매는 이더리움이나 클레이 중 하나를 선택해 결제할 수 있다.

⑥ 한 줄 정리

NFT를 처음 시작하는 사람도 무리없이 접근할 수 있도록 깔끔하게 정리되어 있는 거래소다. 외부 제휴 이벤트를 통해 무료로 NFT를 드랍하는 이벤트도 있으니 자주 들어가 보면 좋다.

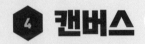
캔버스

https://www.canverse.org/

① 개요

영남일보의 자회사에서 만든 NFT거래소다. 오픈과 동시에 백범 김구 선생님의 휘호 등이 거래되었고, 시즌별로 다양한 작품들이 전시되어 판매된다. 폴리곤 네트워크를 기반으로 한다.

② 로그인 방법

이메일로 간단하게 회원가입 및 로그인이 가능하다.

③ 거래되는 NFT

'UNIVERSITY EXHIBITION'과 'X DROP'으로 나누어 NFT 작품

들이 거래되고 있다. 'University Exhibition'는 홍익대, 서울대, 청
강문화산업대학교 등 대학생들의 작품이 전시되고, 'X DROP'에
서는 디지털 아트 작가들의 작품이 기간별로 전시되어 거래된다.
오픈마켓은 지원하지 않는다.

④ 기타 특이한 기능
일부 작품들의 경우 일정 금액을 추가하면 프린트해서 실물을 액
자로 보내준다. HELP는 노션과 연결되어 있고, 커뮤니티는 네이
버 블로그와 연결되어 있다.

⑤ 결제방법
이니시스를 통해 카드로 결제할 수 있다. 설명 하단에는 '작품 민
팅 및 트랜스퍼는 드랍 종료 후에 진행됩니다'라고 되어 있는데,
구매를 하고 난 후에 민팅 작업을 한다는 것으로 보인다.

⑥ 한 줄 정리
카드 결제가 되는 점이 장점이다. 향후 다양한 이벤트성 갤러리
로 운영될 것으로 예상된다.

⑤ 라리블

https://rarible.com/

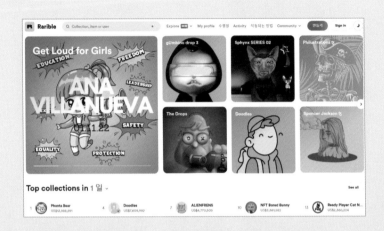

① 개요

RARI(라리)라는 이름의 토큰을 발행하는 거래소다. RARI는 라리
블을 통해 NFT를 구매한 사람과 판매한 사람들에게 거래에 대한
보상으로 지급하는 토큰으로, 매주 일요일 75,000개의 토큰이 보
유자와 제작자에게 50:50의 비율로 배분된다.

② 로그인 방법

메타마스크, Torus, Beacon, Coinbase, Formatic 등 다양한 지갑

으로 로그인할 수 있다.

③ 거래되는 NFT

아트, 사진, 게임, 메타버스 랜드, 음악 등 다양한 작품들이 거래된
다. 오픈마켓을 지원하며, 이더리움, Flow, Tezos 중 하나의 네트
워크를 선택해 누구나 쉽게 자신의 작품을 올려 판매할 수 있다.

④ 기타 특이한 기능

어느 정도 한글화가 되어 있다. 'Top Collection in'을 통해 가장 많
이 팔린 컬렉션을 확인할 수 있다. 판매자와 수집가가 어떤 작품
을 보유하고 있는지도 확인할 수 있고, 트위터처럼 팔로잉하거나
메시지를 보낼 수도 있다. 모바일 앱도 지원한다.

⑤ 결제방법

결제는 해당 작품에서 선택한 암호화폐나 VISA 카드로 결제할
수 있다.

⑥ 한 줄 정리

오픈씨와 비슷한 오픈마켓이다. 처음 접속하는 사람들은 너무 많
은 작품에 정신이 없을 수 있다.

6 슈퍼레어

https://superrare.com/

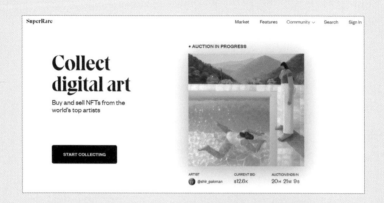

① 개요

홈페이지 상단에 'World's top artists'라고 써있을 정도로 크리에이터들이 접근하기에 관문이 높은 곳이다. 2021년 삼성넥스트가 해외 벤처투자사들과 함께 슈퍼레어의 펀딩에 참여했다.

② 로그인 방법

메타마스크와 Formatic을 지원한다.

③ 거래되는 NFT

딱 봐도 '이건 예술작품이구나'라는 생각이 드는 작품들이 올라오는 곳이다. 오픈마켓은 지원하지 않는다. 아티스트들은 하단 'submit artist profile'을 통해 작품을 제출해야 한다. 대부분 슈퍼레어의 큐레이터들이 엄선한 작품들만 거래된다. 검색기능을 통해 국내 회사 젠틀몬스터GENTLE MONSTER의 작품을 검색해 보자.

④ 기타 특이한 기능
로그인하면 첫페이지가 아닌 유저에게 맞는 작품을 추천해 준다. 15% 정도의 높은 발행수수료가 크리에이터 입장에서 진입장벽이 될 수 있다. 구매자는 3% 가량의 수수료를 내며, 재판매시 크리에이터에게 10%의 로열티가 지급된다. 라리블처럼 슈퍼레어도 'RARE'라는 이름의 코인이 있다.

⑤ 결제방법
이더리움만 가능하다.

⑥ 한 줄 정리
홍대거리를 돌아다니다 비싼 작품으로 가득한 갤러리를 들어가는 느낌이다. 그만큼 퀄리티가 높은 곳이다.

⑦ 니프티게이트웨이

https://niftygateway.com

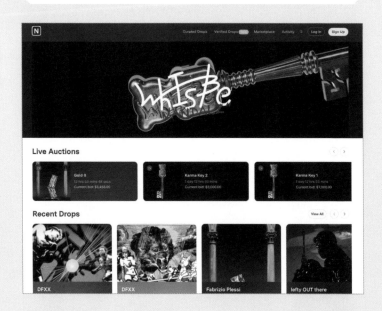

① 개요

니프티게이트웨이는 아티스트 비플이 꾸준히 작품을 거래하는 곳이며, 국내 아티스트 미스터 미상의 'Masked Workers'가 2021년 7월 15만달러(약 1억 7,000억원)에 낙찰된 곳이다.

② 로그인 방법

별도 암호화폐 지갑을 연결하지 않고, 이메일로 간편하게 가입할 수 있다.

③ 거래되는 NFT

니프티게이트웨이에서 다루는 작품들은 '아트'로만 이루어져 있다. Curated Drops(엄선된 작품들이 스케줄에 따라 올라오는 곳), Verfied Drops, Marketplace, Activity로 구분되어 있다.

④ 기타 특이한 기능

작품 하나하나에 대해 자세하게 소개되어 있어 작품의 평균가격, 거래금액 추이 등을 한 번에 볼 수 있다.

⑤ 결제방법

신용카드, 직불카드로 결제할 수 있다(첫 구매시 72시간의 카드 소유자 확인 시간이 필요하다). 암호화폐는 이더리움으로만 가능한데, 메타마스크 연결이 아닌 니프티게이트웨이의 주소로 보내는 방식이다.

⑥ 한 줄 정리

알려진 NFT 아티스트들의 작품이 많아 볼거리가 풍성하다. NFT 거래소들도 벤치마킹할 요소가 많은 곳이다.

크립토펑크스

https://www.larvalabs.com/cryptopunks

① 개요

크립토펑크스는 라바랩스의 작품들만을 거래하는 곳이다.

② 로그인 방법

메타마스크로만 가능하다.

③ 결제방법

메인 화면 하단의 For Sale에서 click here를 클릭하면 현재 판매

중인 크립토펑크들을 확인할 수 있다. 경매 중이라면 입찰을 할

수 있고, 판매 중이라면 바로 이더리움으로 구입할 수 있다.

9 NBA탑샷

https://nbatopshot.com

① 개요

크립토키티를 만든 대퍼랩스에서 2020년 시작한 거래소다. 현재 100만 명이 넘는 사용자와 66만 명의 유료사용자를 보유하고 있다. NBA탑샷에서는 NBA 스타들의 카드만 거래하고 있다. 이곳은 코튜 매니지먼트와 삼성 등의 기업은 물론 마이클 조던, 클레이 탐슨, 애쉬튼 커쳐, 윌 스미스 등의 셀럽들도 투자를 했다.

② 로그인 방법

간편하게 이메일 인증으로 로그인할 수 있다. 재접속할 때에는 스마트폰으로 보내진 인증번호 6자리를 입력해야 한다.

③ 결제방법

신용카드, 이더리움, 비트코인, FLOW로 구매할 수 있다. 팩과 개별카드를 따로따로 살 수 있는데, 팩을 사면 어떤 개별카드가 들어 있는지 알 수 없다. 처음 가입했다면 '스타터 팩'을 저렴한 가격에 살 수 있다. 다른 팩들은 특정한 날짜에 들어와 대기를 해야만 구입할 수 있다. 개별카드는 마켓플레이스에서 언제든 사고팔수 있다.

https://sorare.com

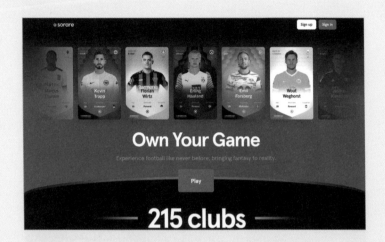

① 개요

NBA탑샷이 농구 선수를 대상으로 한다면, 소레어는 축구 선수를 대상으로 한다. 소레어는 레알마드리드, 리버풀, 유벤투스와 같은 180개 이상의 조직들과 제휴를 맺고 있다. 카드를 구입하는 것뿐만 아니라 카드 속 선수가 실제 시합에서 활약하게 되면 보상을 받을 수 있다. 카드를 가지고 축구팀을 만들어 게임을 즐길 수도 있다.

② 로그인 방법

이메일 승인 후 로그인하거나, 구글과 페이스북 연동으로 로그인
할 수 있다.

③ 결제방법

로그인 후 자신의 클럽을 만들고, 좋아하는 팀을 선택하면 '카드'
를 무료로 받을 수 있다. 카드에는 게임을 어떻게 하는지 게임 설
명이 나오며, 그 후 마켓플레이스를 이용할 수 있다. NBA탑샷과
다르게 처음 무료로 받은 카드는 판매할 수 없다. 신용카드 결제,
이더리움 결제가 가능하다.

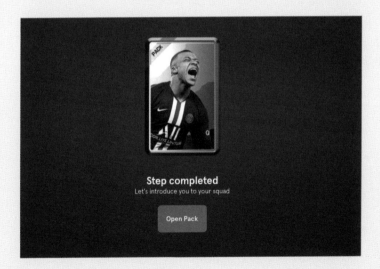

참고자료

[사이트]

두버스 https://dooverse.io/

마이템즈 https://mytems.io/

오픈씨 http://opensea.io/

크래프터 스페이스 https://www.krafter.space/ko/explore

클립드롭스 https://klipdrops.com/

[관련 기사]

나혼렙 NFT, 공개 1분 만에 완판

https://m.moneys.mt.co.kr/article.html?no=2022011311018094397#_enliple

가상자산 열풍 부른 'NFT', 콜린스 사전 선정 '올해의 단어'

https://www.yna.co.kr/view/AKR20211125018600075

블록체인 개념 완벽 정리

https://www.banksalad.com/contents/%EB%B8%94%EB%A1%9D%EC%B2
%B4%EC%9D%B8-%EA%B0%9C%EB%85%90-%EC%99%84%EB%B2%BD-
%EC%A0%95%EB%A6%AC-dh1do

[What is Block] 온체인 vs 오프체인

https://www.blockmedia.co.kr/archives/94591

'포모(FOMO) 증후군'을 아십니까?

https://www.huffingtonpost.kr/aftertherain/story_b_10809520.html

마스크 낀 '크립토펑크' 뭐길래 … NFT 130억원에 팔렸다
https://news.mt.co.kr/mtview.php?no=2021061109163116751

퍼블릭 블록체인 약점 드러낸 '크립토키티'의 몰락
https://www.hankyung.com/it/article/201807123095g

류재춘 화백 '월하 2021' 수묵화 NFT 200개 완판
https://www.edaily.co.kr/news/read?newsId=01410406629274584&mediaCo
deNo=257

10대도 NFT로 인생역전 … 12세 소년 3억원 벌어
http://it.chosun.com/site/data/html_dir/2021/08/17/2021081702317.html

[MBN이 만난 작가] '디지털 아트의 슈퍼히어로' 레이레이
https://mbn.co.kr/news/culture/4614036

최소 2.5억원 유인원 … BAYC는 어떻게 'NFT 원조' 크립토펑크를 앞질렀나
https://ddaily.co.kr/m/m_article/?no=228265

암호화폐 투자자라면 알아야 할 NFT 마켓 '오픈씨'의 모든 것
https://jmagazine.joins.com/forbes/view/335166

[스페셜리포트] '돈 버는 게임' P2E, 어떻게 버나 … 채굴부터 메타버스까지
https://www.etoday.co.kr/news/view/2090427

NFT 기술의 이해와 활용, 한계점 분석, 2021 VOL.03, 한국인터넷진흥원

메타버스와 P2E, 돈 버는 방법이 달라졌다

NFT, 디지털 자산의 미래

초판 1쇄 발행 · 2022년 1월 30일
초판 3쇄 발행 · 2022년 4월 20일

지은이 · 이임복
펴낸이 · 백광옥
펴낸곳 · 천그루숲
등 록 · 2016년 8월 24일 제25100-2016-000049호

주소 · (06990) 서울시 동작구 동작대로29길 119
전화 · 0507-1418-0784 | **팩스** · 050-4022-0784 | **카카오톡** · 천그루숲
이메일 · ilove784@gmail.com

기획 / 마케팅 · 백지수
인쇄 · 예림인쇄 **제책** · 예림바인딩

ISBN 979-11-92227-46-7 (13320) 종이책
ISBN 979-11-92227-47-4 (15320) 전자책